C·H·Beck

PAPERBACK

Der Holocaust ist ein Menschheitsverbrechen, das uns bis heute nicht loslässt. Sechs Millionen Jüdinnen und Juden wurden ermordet, mehr als die Hälfte von ihnen in Vernichtungslagern. Die Erinnerung wachzuhalten, gehört zu den wichtigsten Aufgaben der politischen Bildung in Deutschland. Dieses Buch liefert eine leicht zugängliche Einführung in 101 Fragen. Es analysiert Vorgeschichte und Ideologie, zeigt die verschiedenen Stufen der Verfolgung bis hin zum industrialisierten Massenmord, beleuchtet die Täter und ihre Institutionen und sensibilisiert für die Nachwirkungen bis in unsere Gegenwart.

Markus Roth ist Wissenschaftlicher Mitarbeiter am Fritz Bauer Institut Geschichte und Wirkung des Holocaust. Bei C.H.Beck sind vom ihm erschienen: (zusammen mit Andrea Löw) «Das Warschauer Ghetto» (2013) und «Ihr wisst, wollt es aber nicht wissen. Verfolgung, Terror und Widerstand im Dritten Reich» (2015).

Markus Roth

Die 101 wichtigsten Fragen:

Holocaust

C.H.Beck

Originalausgabe

www.chbeck.de
Satz: Fotosatz Amann, Memmingen
Druck und Bindung: Druckerei C.H.Beck, Nördlingen
Umschlaggestaltung: nach einem Reihenkonzept
von malsyteufel, Willich
Umschlagabbildung: Auschwitz, Koffer und Taschen,
Foto 1995, © Michael Teller/akg-images
Gedruckt auf säurefreiem, alterungsbeständigem Papier
(hergestellt aus chlorfrei gebleichtem Zellstoff)
Printed in Germany
ISBN 978 3 406 77737 0

myclimate

klimaneutral produziert
www.chbeck.de/nachhaltig

Inhalt

Vorbemerkung 11

Vorgeschichte und Ideologie

1. Was bedeutet Holocaust? 13
2. Ist der Antisemitismus eine Erfindung der Nationalsozialisten? 14
3. Wen sahen die Nationalsozialisten als Juden an? 15
4. Was ist Rassenhygiene? 16
5. War der Holocaust die Antwort auf die «Judenfrage»? 17
6. Wurde eine jüdische Weltverschwörung sorgfältig protokolliert? 18
7. War Hitlers «Mein Kampf» ein Fahrplan für den Holocaust? 19
8. Führt ein direkter Weg von Windhuk nach Auschwitz? 20

Verfolgung und Ausgrenzung

9. Was regelte der «Arierparagraph»? 21
10. Warum wurden jüdische Geschäfte am 1. April 1933 boykottiert? 22
11. Warum verloren nichtjüdische deutsche Frauen ihre Stellen durch ein antijüdisches Gesetz? 24
12. Was meinte man mit «Rassenschande»? 25
13. Was war die Pogromnacht? 26
14. Warum sind nicht alle Juden aus Deutschland geflohen? 29
15. Wer war «Halbjude»? 31
16. Hat Hitler am 30. Januar 1939 den Holocaust angekündigt? 32

17. Was war die «Arisierung»? 33
18. Mussten alle Juden einen gelben Stern tragen? 34
19. Was hat Madagaskar mit dem Holocaust zu tun? 35
20. Wer lebte in einem Judenhaus? 36
21. Inwiefern war St. Louis ein Hoffnungsschimmer für manche Juden? 37
22. Wie kam das «J» in den Pass? 38
23. Mussten alle Juden in Deutschland Sara beziehungsweise Israel heißen? 39
24. Was war ein Ghetto? 40
25. Warum erkrankten so viele Juden in den Ghettos an Fleckfieber? 43
26. Was meinte die NS-Propaganda mit «Der ewige Jude»? 44

Vernichtung

27. Wurden wirklich 6 Millionen Juden umgebracht? 46
28. Was war Zyklon B? 47
29. Wie funktionierten Gaswagen? 48
30. Die SS ermordete die Juden, die Wehrmacht kämpfte an der Front? 49
31. Was war eine «Aktion»? 50
32. Warum nannten die Täter die Ermordung der Juden «Sonderbehandlung»? 51
33. Was meinten die Nationalsozialisten mit «Endlösung der Judenfrage»? 52
34. Was war ein Sonderkommando? 53
35. Was hatte Kanada mit Auschwitz zu tun? 55
36. Inwiefern entschied oft eine bloße Handbewegung über Leben oder Sterben? 56
37. Was war der Umschlagplatz? 58
38. Was war die «Aktion Reinhardt» und woher hatte sie ihren Namen? 59

39. Was sind Vernichtungslager? 61
40. Warum hat man die Vernichtungslager im besetzten Polen errichtet? 64
41. Was bedeutet «Vernichtung durch Arbeit»? 65
42. Verkaufte die Bahn den Juden Fahrkarten für ihre eigene Deportation? 66
43. Wussten die Deutschen wirklich nichts vom Holocaust? 67
44. Warum wurde Auschwitz nicht bombardiert? 69
45. Was war das Sonderkommando 1005? 70
46. Wer nicht morden wollte, wurde selbst getötet? 71
47. War der Holocaust ein industrieller Massenmord? 72
48. Ermordeten die Nationalsozialisten die Juden, um an ihren Besitz zu kommen? 73
49. Was war der «Holocaust by bullets»? 74
50. Ging Janusz Korczak freiwillig in den Tod? 75
51. Gegen wen sollten die «Austauschjuden» ausgetauscht werden? 76
52. «Der Führer schenkte den Juden eine Stadt»? 77
53. Was meinten die KZ-Häftlinge mit «Muselmann»? 78
54. Warum wurden in Deutschland gegen Kriegsende vielfach «Zebras» Opfer von «Hasenjagden»? 78

Akteure

55. Was machte ein Schreibtischtäter? 80
56. Warum dachten Täter an den Holocaust als «schöne Zeiten» zurück? 81
57. Wie viele Täter gab es? 82
58. Ohne Hitler kein Holocaust? 84
59. Waren die Täter «ganz normale Männer» oder «ganz normale Deutsche»? 85

60. War der Holocaust ein männliches Projekt? 86
61. War Primo Levi 1987 ein «spätes Opfer» des Holocaust? 87
62. Warum kannte jeder Jude in Deutschland Julius Streicher? 88
63. Was waren Trawnikis? 89
64. Warum hat der Papst zum Holocaust geschwiegen? 90
65. Was waren die IG Farben? 91

Institutionen und Ereignisse

66. Gab es eine Zentrale, die den Holocaust organisierte? 93
67. War die SS nur das «Alibi einer Nation» oder war sie die Elitetruppe des Völkermords? 94
68. Was war ein Judenrat? 96
69. Gab es eine jüdische Polizei? 97
70. Um welchen Einsatz ging es bei den Einsatzgruppen? 99
71. War die Ermordung der Juden ein Konferenzbeschluss? 100

Widerstand und Hilfe

72. Was war der Warschauer Ghetto-Aufstand? 103
73. Um was für eine Liste ging es in «Schindlers Liste»? 106
74. Wie rettete Tuvia Bielski mit einer Befehlsverweigerung hunderten Menschen das Leben? 107
75. Gingen die Juden «wie die Schafe zur Schlachtbank»? 108
76. Warum war Chaika Grossmans Haarfarbe wichtig für den jüdischen Widerstand? 110
77. Was war das Ringelblum-Archiv? 111
78. Warum waren mitten in Berlin U-Boote unterwegs? 113

79. Warum war ein Blinder einer der wenigen, die klar gesehen haben? 114
80. Was sind «Gerechte unter den Völkern»? 115
81. Konnte eine Gruppe protestierender Frauen die Deportation ihrer Männer abwenden? 116

Andere Massenverbrechen
82. Was verbirgt sich hinter dem Tarnkürzel «Aktion T4»? 117
83. Waren die Krankenmorde ein Probelauf für die Ermordung der Juden? 118
84. Hat Kardinal von Galen die Euthanasie-Morde gestoppt? 119
85. Wurden Sinti und Roma wie die Juden behandelt? 120
86. Die Wehrmacht tötete jeden vierten im Krieg umgekommenen sowjetischen Soldaten erst in Gefangenschaft? 122
87. Erst die Juden, dann die Slawen? 123

Nachgeschichte und Erinnerung
88. Wie viele Menschen haben überlebt? 126
89. Warum lebten Juden nach ihrer Befreiung noch in Lagern? 126
90. Warum wurden Juden auch nach Kriegsende noch umgebracht? 128
91. Warum zog es viele NS-Verbrecher nach 1945 in den Vatikan? 129
92. Warum war Ludwigsburg bei vielen Tätern verhasst und gefürchtet? 130
93. Warum wurde Adolf Eichmann in Jerusalem vor Gericht gestellt? 132
94. Was war der Auschwitz-Prozess? 133
95. Wie sollte der Holocaust «wiedergutgemacht» werden? 135

96. Der Holocaust ist eine große Lüge? 136
97. Kann der Holocaust sich wiederholen? 137
98. Was sind Gedenkstätten? 138
99. Warum ist der 27. Januar ein Gedenktag? 139
100. Was ist das «Holocaust-Denkmal»? 139
101. Warum ist Anne Franks Tagebuch so berühmt? 140

Weiterführende und benutzte Literatur (Auswahl) 142

Vorbemerkung

Der Schriftstellerin Gustawa Jarecka wurde 1942 im Warschauer Ghetto klar, was vor sich ging. Sie sprach in einem Text von einem «in der Geschichte bislang unbekannten organisierten Massenmord an hunderttausenden Männern, Frauen, Kindern und Greisen. Jetzt wurde unter Ausnutzung der Errungenschaften der modernen Technik der Versuch gemacht, eine ganze Gemeinschaft zu ermorden.» Was Jarecka, die im Januar 1943 deportiert und ermordet wurde, mit blankem Entsetzen erkannte, hatten zu einem wesentlichen Teil Heinrich Himmler und seine Männer organisiert und vorangetrieben. Vor seinen SS-Gruppenführern sprach er mit selten offenem Täterstolz am 4. Oktober 1943 davon, der Völkermord an den Juden sei «ein niemals geschriebenes und niemals zu schreibendes Ruhmesblatt unserer Geschichte». Und selbst ein Unbeteiligter wie der Justizinspektor Friedrich Kellner kam in der hessischen Provinz am 25. September 1942 zu der Erkenntnis: «Die sogenannte Bereinigung Europas von Juden wird ein dunkles Kapitel in der Menschheitsgeschichte bleiben. Heute sind es die Juden, morgen ist es ein anderer schwacher Volksstamm, der ausgerottet wird.»

Kellner sollte recht behalten. Der Holocaust ist und bleibt ein «dunkles Kapitel in der Menschheitsgeschichte», das bis heute viele Menschen überall auf der Welt nicht loslässt. Überlebende des Holocaust leiden bis heute, oft Nacht für Nacht, unter den immer wiederkehrenden Bildern des Schreckens. Ihre Söhne und Töchter wuchsen damit auf – mit der furchtbaren Leerstelle in der Familiengeschichte, über die nicht gesprochen wurde, oder mit einer bedrückenden Allgegenwärtigkeit des Holocaust. Anders als viele ihrer Freundinnen und Freunde kannten sie es oft nicht, dass Onkels und Tanten, Cousins und Cousinen zu großen Familienfeiern zusammenkommen. Sie hatten und haben häufig nicht einmal Fotos ihrer Großeltern und anderer Verwandter. Der Holocaust ist längst noch kein abgeschlossenes Kapitel der Geschichte. Es ist ein für zahlreiche Menschen bis heute prägendes Ereignis, das viele über den Kreis der direkt familiär Betroffenen hinaus beschäftigt und berührt.

Für diese Menschen ist dieses Buch vor allem geschrieben, nicht für die Expertinnen und Experten. Dies ist aber nicht das Buch der definitiven Fragen und der ultimativen Antworten zur Geschichte des Holocaust. Geschichte ist ein offener Prozess und wirft immer wieder neue Fragen auf. Überdies stellen Forscherinnen und Forscher unterschiedliche Fragen und finden voneinander abweichende, sich auch mal widersprechende Antworten. Wäre dem nicht so, könnte man die Geschichte des Holocaust und seine Nachgeschichte irgendwann als «ausgeforscht» abhaken, wie es im grassierenden Gutachtendeutsch bisweilen heißt. Daher möchte dieses Buch weder Schlusspunkt noch Zwischenbilanz der Beschäftigung mit der Geschichte des Holocaust sein.

Die gesamte Bandbreite des Themas lässt sich in einem solchen Fragenkatalog gewiss nicht fassen. Selbstverständlich wirft die Geschichte des Holocaust weitaus mehr als nur 101 Fragen auf. Mehr noch – mit dem Holocaust sind Fragen verbunden, auf die es schwerlich eine Antwort gibt. Dieses Buch jedenfalls erhebt nicht den Anspruch, etwa die Antwort auf die eine große Frage nach dem «Warum?» zu liefern. Es möchte vielmehr einen Einstieg in eine große Bandbreite von Aspekten der Vorgeschichte, Geschichte und Nachgeschichte des Holocaust ermöglichen. Wenn dieses Buch am Ende nicht nur Antworten gibt, sondern neue Fragen aufwirft, die Ausgangspunkt für eine weitergehende Beschäftigung mit dem Thema sind, wäre das ganz im Sinne des Verfassers.

*

Herzlich danken möchte ich Matthias Hansl vom C.H.Beck Verlag, der die Anregung zu diesem Buch aufgegriffen hat, sowie Sebastian Ullrich, der die Betreuung des Bandes übernommen und bis zur Drucklegung geführt hat. Michael Weise danke ich sehr für die kritische Durchsicht des Fragenkatalogs und für kluge Anregungen.

Vorgeschichte und Ideologie

1. Was bedeutet Holocaust? Lange Zeit gab es für die Ermordung der europäischen Juden durch NS-Deutschland, die man heute weltweit als Holocaust bezeichnet, keinen Begriff, den man in vielen Sprachen und Kulturräumen verstand. In der jiddischsprachigen Holocaustforschung und Erinnerungsliteratur, die im Geheimen noch unter deutscher Herrschaft, verstärkt aber unmittelbar nach der Befreiung geschrieben wurde, hat sich der Begriff «churbn», deutsch «Zerstörung», etabliert. Er geht zurück auf die Zerstörungen des Tempels in Jerusalem als zentrale Katastrophen der jüdischen Geschichte. Manche sprachen in Bezug auf den Massenmord an den Juden daher auch vom dritten churbn. In anderen Sprachen benutzte man häufig Entsprechungen dazu (engl. «destruction») oder den Terminus «Vernichtung» (engl. «extermination», poln. «zagłada»). Überdies war auch die NS-Formel von der «Endlösung der Judenfrage» vor allem in Deutschland, aber auch in anderen Sprachräumen in Gebrauch.

«Holocaust» ist im Englischen als Begriff für große Katastrophen und Massenverbrechen gebräuchlich und wurde bereits in den vierziger und fünfziger Jahren vereinzelt für die Benennung des Völkermords an den Juden benutzt. Er setzte sich aber erst im Laufe der siebziger Jahre durch – zunächst langsam, doch nachdem die vierteilige amerikanische Fernsehserie «Holocaust» 1979 in vielen Ländern der Welt ausgestrahlt worden war, dann sehr schnell. Heute ist es weltweit der gängige Name.

Der Begriff ist biblischen Ursprungs, er entstammt der Septuaginta, der griechischen Übersetzung der hebräischen Bibel, und bedeutet Brandopfer und Ganzopfer. Dieser religiöse Kontext einer Opferdarbietung, der heute freilich kaum bekannt ist, wird bisweilen als problematisch empfunden. Daher präferieren manche das Wort «Shoah» aus dem Hebräischen, das ein großes Unglück und Verderben bezeichnet. Unter diesem Namen war der Holocaust in Israel von

Anfang an bekannt, und er wird bis heute meist so bezeichnet, wenngleich mitunter auch «Holocaust» gebraucht wird. Vielfach werden die Begriffe «Holocaust» und «Shoah» synonym gebraucht und beziehen sich, wie auch in diesem Buch, auf den gesamten Komplex der Verfolgung und Ermordung der Juden im nationalsozialistischen Herrschaftsbereich von 1933 bis 1945.

2. Ist der Antisemitismus eine Erfindung der Nationalsozialisten?

Die Geschichte des Antisemitismus reicht zurück ins 19. Jahrhundert. Mit dem seit den ersten Jahren des Kaiserreichs bekannten Begriff setzten sich die Judenhasser bewusst vom bis dato dominanten, meist christlich motivierten und begründeten Antijudaismus ab. Mit der neuen Begriffsschöpfung gaben sie ihrer Ablehnung von Juden einen pseudowissenschaftlichen Anstrich. Sie hoben, nicht zufällig kurze Zeit nach der Emanzipation der Juden, auf ‹rassische›, nicht mehr auf religiöse Kriterien ab und schrieben Juden unveränderliche Rassenmerkmale zu, die eine Bedrohung für die Nichtjuden seien. Religiös motivierten Antisemitismus gab es freilich weiterhin, überdies blieben seine Stereotype auch in der rassischen Spielart wirksam. Juden wurden im Weltbild der Antisemiten gefährliche, zersetzende Eigenschaften wie Geldgier oder ein pervertierter Sexualtrieb zugeschrieben.

Antisemitismus war in vielen Staaten Europas vor dem Ersten Weltkrieg verbreitet. Im Ersten Weltkrieg und den ersten Nachkriegsjahren fand vielfach eine Radikalisierung statt, die in manchen Regionen Ostmitteleuropas mit Pogromen gegen die örtliche jüdische Bevölkerung einherging. Im Deutschland der ersten Jahre nach dem Krieg war Antisemitismus weit über radikale völkische Gruppierungen hinaus verbreitet. Hinzu kam nun, dass man Juden für die Kriegsniederlage verantwortlich machte und sie als Drahtzieher einer Verschwörung gegen Deutschland wähnte. Mit der Oktoberrevolution in Russland 1917 und der Novemberrevolution 1918 in Deutschland verschmolz Antisemitismus vielfach mit Antikommunismus zum Phantasma einer jüdisch-bolschewistischen Weltverschwörung, oft verbunden mit dem Konstrukt, dass diese ein Werk eines internationalen ‹Finanzjudentums› sei.

Wie in allen völkischen Parteien in Deutschland spielte auch in der NSDAP der Antisemitismus eine zentrale Rolle. Juden sprach das Parteiprogramm von 1920 den Status von Staatsbürgern ab, andere Programmpunkte («Brechung der Zins-Knechtschaft») bedienten sich antisemitischer Stereotype, so dass es gar nicht notwendig war, Juden als Hauptziel ausdrücklich zu nennen. In ihrer Propaganda und ihren vielfältigen politischen Aktionsformen war Antisemitismus während der gesamten Weimarer Republik ein wichtiges Element, sei es unmittelbar in judenfeindlicher Agitation gegen jüdische Politiker und andere Persönlichkeiten, sei es mittelbar im Kampf gegen Bolschewismus, Kapitalismus, Liberalismus als vermeintlich jüdische oder jüdisch gesteuerte Geistesströmungen. Der Antisemitismus der Nationalsozialisten war nicht originell, er speiste sich aus jahrhundertealten Versatzstücken christlichen Judenhasses ebenso wie aus den Konstrukten eines modernen, sich wissenschaftlich gebenden Rassenantisemitismus. Originär nationalsozialistisch hingegen war die Entwicklung von einem auf Ausschluss wirkenden Antisemitismus hin zu der mörderischen Politik, alle Juden, derer man habhaft werden konnte, zu ermorden.

3. Wen sahen die Nationalsozialisten als Juden an? Wer als Jude gelten sollte, war die Kardinalfrage des Antisemitismus und der Judenpolitik der Nationalsozialisten, um deren klare Beantwortung sie sich gleichwohl herumdrückten. Bereits frühere Generationen von Antisemiten waren daran gescheitert. Für die betroffenen Menschen war die Antwort von zunehmend existenzieller Bedeutung, für die Verfolgungsinstanzen war es ein bürokratischer Akt, wenn auch ein recht komplizierter. Wollte man beispielsweise Juden aus dem Staatsdienst entfernen, musste bestimmt werden, wer genau betroffen sein sollte. Großmäulige Propaganda half hier nicht mehr weiter.

Im Reichsinnenministerium fand man im April 1933 eine erste Antwort auf die Frage: Als Juden, es war allgemein von Nichtariern die Rede, verstand man Personen, unter deren Eltern oder Großeltern sich Juden befanden. Diese wiederum galten als Juden, wenn sie der jüdischen Religion angehörten. Man mischte hier also rassische Kriterien mit religiösen, wobei auch unklar blieb, ob die Religionszugehörigkeit zum Zeitpunkt der Geburt des Kindes entscheidend war oder ob eine Konversion davor irgendwelche Auswirkungen hatte. Überdies war hier ein sehr weiter Kreis gezogen worden, indem bereits ein jüdisches Großelternteil ausreichte, um als Jude oder Jüdin eingestuft und damit beispielsweise aus dem Staatsdienst entlassen zu werden.

Das Problem blieb virulent und wurde spätestens im Kontext der Nürnberger Gesetze 1935 erneut aktuell. Man gelangte im Ministerium schließlich zu der folgenden komplexen Lösung, die vor allem darauf abzielte, den Status von sogenannten Halbjuden zu klären: Wer drei oder zwei jüdische Großeltern hatte und am 15. September 1935 der jüdischen Religion angehörte oder zu diesem Zeitpunkt mit einem Juden oder einer Jüdin verheiratet war bzw. sich danach vermählte, zählte als Jude. Überdies galt dies für uneheliche Kinder, die aus einer jüdisch-nichtjüdischen Beziehung hervorgingen. Was wie reine Abstammungslehre daherkam, enthielt nach wie vor das religiöse Kriterium, da dies entscheidend bei der Einstufung der Großeltern blieb.

4. Was ist Rassenhygiene? Die Rassenhygiene ist keine Erfindung der Nationalsozialisten, sondern bereits seit Ende des 19. Jahrhunderts als Idee vorhanden, der zufolge man steuernd in die Fortpflanzung der Menschen eingreifen müsse, um vermeintlichen Schaden für das Volk abzuwenden. Der Ursprung des Begriffs wird Alfred Ploetz zugeschrieben. Konkret ging es um den Ausschluss von Erbkranken von der Fortpflanzung, da andernfalls im Laufe einiger Generationen «schlechtes» Erbgut dominiere. Zwei Wege der «Erbpflege» wurden dabei propagiert: das Prinzip der «Auslese», das mit einer Reihe «positiv» steuernder Anreize funktionieren und etwa mittels sozialer Anreize die Kinderzahl «erbgesunder» Paare erhöhen sollte; auf der anderen Seite der Gedanke der «Ausmerze», der aktiven Verhinderung unerwünschter Fortpflanzung. So propagierten beispielsweise die Wissenschaftler Karl Binding und Alfred Hoche in ihrem 1920 veröffentlichten Buch «Die Freigabe der Vernichtung lebensunwerten Lebens» die Tötung unheilbar Kranker, um das Volk von «Ballastexistenzen», wie die Autoren die betreffenden Menschen nannten, zu «befreien». Das Plädoyer von Binding und Hoche fand ebenso wie der Gedanke einer Rassenhygiene allgemein breiten Anklang, auch über Deutschland hinaus zum Beispiel in Schweden oder den Vereinigten Staaten.

Die Nationalsozialisten griffen diese Ideen in ihrer Programmatik auf und machten sich unmittelbar ab 1933 an ihre Realisierung. Schon im Juli 1933 beschloss die Regierung das «Gesetz zur Verhütung erbkranken Nachwuchses», das ab dem 1. Januar 1934 Zwangssterilisationen von Menschen mit Erbkrankheiten ermöglichte und bis zum Ende des Regimes zu bis zu einer halben Million Eingriffen führte. Ab 1939 wurde die «Ausmerze» noch radikaler betrieben, indem Hitler die Ermächtigung für die sogenannte Euthanasie gab, die Ermordung unheilbar Kranker in speziellen Mordanstalten. Dem fielen bis zum Sommer 1941 rund 70 000 Menschen zum Opfer. In einer zweiten Mordphase ab Sommer 1941 brachte man mindestens weitere 100 000 Menschen durch gezielte Aushungerung oder mittels Medikamentengabe zu Tode. Viele der an diesen Massenverbrechen im Dienste einer Rassenhygiene beteiligten Ärzte, Pflegerinnen und Pfleger blieben in der Bundesrepublik und der DDR straflos, während die Opfer und ihre Angehörigen weiter unter Stigmatisierung und Missachtung zu leiden hatten.

5. War der Holocaust die Antwort auf die «Judenfrage»? Die antijüdische Ideologie der Nationalsozialisten sowie die Praxis des NS-Staates bauten auf einer langen unseligen Tradition des Judenhasses auf. Allgemein gesagt, ging es bei der «Judenfrage» um die Stellung von Juden in Staat und Gesellschaft. Sie wurde nicht erst seit dem Nationalsozialismus gestellt und zudem nicht nur von Antisemiten im Munde geführt. Seit Mitte des 19. Jahrhunderts tauchten der Begriff und die damit verbundene Problematik in vielen Sprachen und Ländern Europas auf. Es ging dabei um die Emanzipation der Juden, also um ihre rechtliche Gleichstellung mit der nichtjüdischen Bevölkerung. Den anfangs von Befürwortern wie

Gegnern gebrauchten Begriff besetzten in Deutschland seit den 1840er Jahren zunehmend Letztere. Er entwickelte sich zu einem Schlagwort des antisemitischen Diskurses, das ab den 1870er Jahren Hochkonjunktur hatte. Mit hunderten oft in hohen Auflagen verbreiteten Broschüren und Büchern gelang es Antisemiten wie Wilhelm Marr, Adolf Stoecker oder Theodor Fritsch, in den Köpfen vieler Menschen Juden als ein Problem oder gar eine Gefährdung erscheinen zu lassen. Völkische Parteien und Organisationen, darunter auch die Nationalsozialisten, benutzten das Etikett «Judenfrage» in vielfacher Weise während der Weimarer Republik. Nach der Machtübernahme 1933 wurde aus der Propagandaformel konkretes Staatshandeln. Die Existenz einer irgendwie gearteten «Judenfrage» wurde bald schon in weiten Teilen der Gesellschaft angenommen. Die Emanzipation der Juden wurde schrittweise rückgängig gemacht und die Ausgrenzungs- und Verfolgungspolitik mündete schließlich in die Ermordung der Juden, die die Nationalsozialisten in Fortführung des Schlagworts als «Endlösung der Judenfrage» bezeichneten.

6. Wurde eine jüdische Weltverschwörung sorgfältig protokolliert? Bis heute kursieren in antisemitischen Kreisen die sogenannten Protokolle der Weisen von Zion. Diese vermeintlich geheimen «Protokolle» sind eine plumpe Fälschung des zaristischen Geheimdienstes. Obwohl sie längst als solche entlarvt worden sind, sind sie bis heute ein Schlüsseldokument des weltweiten Antisemitismus. Unter welchen Umständen genau das Pamphlet entstand, ist ungewiss. Seit Anfang des 20. Jahrhunderts fanden die «Protokolle» rasch Verbreitung; auf Deutsch lagen sie ab 1920 gedruckt vor. Nach acht Auflagen erschien das Buch fortan im NS-Parteiverlag, und es hatte 1933 bereits die 33. Auflage erreicht.

Die mit dem Buch verbreitete Vorstellung einer Weltverschwörung eines imaginierten Weltjudentums, das auf einer Geheimkonferenz in Prag die Übernahme der Weltherrschaft beschlossen habe, fiel in Teilen der deutschen Gesellschaft ungeachtet der frühen Entlarvung als Fälschung auf fruchtbaren Boden und war Wasser auf die Mühlen vieler völkischer Gruppierungen. Die in den «Protokollen» herbeiphantasierte Strategie, die Weltherrschaft mittels Dominanz vor allem im Wirtschafts- und Finanzsektor sowie im Kulturleben zu erlangen, spielte auch in der NS-Ideologie und -Propaganda eine wichtige Rolle. Der Parteiideologe Alfred Rosenberg veröffentlichte 1923 eine Schrift «Die Protokolle der Weisen von Zion und die jüdische Weltpolitik», die sich gut verkaufte. Hitler griff auf das Machwerk in «Mein Kampf» zurück und war bis zu seinem Ende von der Idee einer «jüdischen Weltverschwörung» geradezu besessen.

7. War Hitlers «Mein Kampf» ein Fahrplan für den Holocaust? Hitlers Bekenntnisschrift «Mein Kampf», die er während seiner Haftzeit in Landsberg und danach in den Jahren 1924/25 schrieb, wurde und wird bisweilen als programmatischer Text interpretiert, der ab 1933 in Teilen als Blaupause für das Agieren von Staat und Partei im Allgemeinen und für den Holocaust im Besonderen gedient habe. Die Vertreter dieser These nennt man auch Intentionalisten, da sie davon ausgehen, dass die Ermordung der Juden aus einem von Anfang an gefassten Entschluss und Plan Hitlers hervorgegangen sei, dessen Realisierung er zielstrebig und unbeirrbar verfolgt habe. Zur Untermauerung der These führen sie unter anderem auch Passagen aus «Mein Kampf» an, wo Hitler mit Blick auf den Ersten Weltkrieg schreibt: «Hätte man zu Kriegsbeginn und während des Krieges einmal zwölf- oder fünfzehntausend dieser hebräischen Volksverderber so unter Giftgas gehalten wie Hunderttausende unserer allerbesten deutschen Arbeiter aus allen Schichten und Berufen es im Felde erdulden mußten, dann wäre das Millionenopfer der Front nicht vergeblich gewesen.» Über die Frage, inwiefern solche Äußerungen die These eines geradlinigen, von Hitler früh gesteuerten Weges zum Holocaust untermauern, wurde in den 1970er und 1980er Jahren intensiv gestritten, vielfach jedoch auf abstrakter Ebene ohne eine konkrete empirische Forschungsgrundlage zu zentralen Aspekten des Holocaust. Mit der Intensivierung und Auffächerung der Holocaustforschung seit den 1990er Jahren setzte sich zunehmend die Sicht durch, dass es keinen von vornherein gefassten Mordentschluss gegeben hat, sondern dass der Weg verschlungen war, in Etappen verlaufen ist und sich aus einem Zusammenspiel aus regionalen Initiativen und Entscheidungen in der Berliner Zentrale entwickelt hat, an dem viele Personen beteiligt waren.

8. Führt ein direkter Weg von Windhuk nach Auschwitz? Den Gedanken, dass der Holocaust in den Kolonialverbrechen, konkret im deutschen Völkermord an den Herero Anfang des 20. Jahrhunderts in der damaligen Kolonie Deutsch-Südwestafrika (heute Namibia) wurzelt, verfolgte in Ansätzen bereits Hannah Arendt in den 1950er Jahren. Erst seit Anfang des 21. Jahrhunderts erhielt die These zunehmende empirische Unterfütterung sowie eine Zuspitzung und damit auch mehr Beachtung in der Holocaustforschung. In Deutschland war es vor allem der Kolonialismusforscher Jürgen Zimmerer, der den Völkermord in Namibia als Teil der Vorgeschichte des Holocaust interpretierte, indem er auf Ähnlichkeiten zum NS-Genozid an den Juden, etwa die Errichtung von Konzentrationslagern, und rassenpolitische Kontinuitäten hinwies. Der Holocaust sei die «radikalste Ausprägung» des Völkermords, der aber im Kolonialismus bereits in die Tat umgesetzt worden sei.

Gegen die These einer direkten Verbindung «von Windhuk nach Auschwitz», wie Zimmerer die These zuspitzte, regte sich vielfach Widerspruch. Die Kritiker führten unter anderem an, dass sich keinerlei konkrete Kontinuitätslinien in Bezug auf die Akteure in den besetzten Gebieten ziehen ließen, da diese weder selbst noch über familiäre Bezüge etwas mit den Kolonialverbrechen zu tun gehabt hätten. Überdies konnten die Kritikerinnen und Kritiker im Völkermord an den Herero nichts erkennen, was sich von den Verbrechen anderer Kolonialmächte in ihren Kolonien abgehoben und einen Hinweis auf eine deutsche Besonderheit geliefert hätte. Gleichwohl wurde konzediert, dass die Diskussion auch Fragen offengelegt habe, deren Erforschung lohnend sein könnte, etwa die Frage nach dem Einfluss des Rassismus in der Kolonialpolitik auf den Rassismus allgemein und den Antisemitismus des Nationalsozialismus speziell.

Verfolgung und Ausgrenzung

9. Was regelte der «Arierparagraph»? Der Begriff «Arier» basiert auf der NS-Rassenlehre, ist aber keine Erfindung der Nationalsozialisten. Er war bereits im völkischen Diskurs des 19. Jahrhunderts in Gebrauch, etwa bei Richard Wagner, Theodor Fritsch und anderen, die zwischen einer «arischen Rasse» und einer «semitischen Rasse» unterschieden. Zur «arischen Rasse» zählten dem Verständnis der Nationalsozialisten zufolge die nordischen bzw. germanischen Völker.

Der Ruf nach Arierparagraphen, dem Ausschluss oder der Entlassung von Juden per Gesetz oder Satzungsregelung, war seit dem 19. Jahrhundert fester Bestandteil im Repertoire der Rassenideologen. Vor allem in der Turnerbewegung und in Burschenschaften gab es solche Regelungen zum Ausschluss von Juden schon Jahrzehnte vor Machtantritt Hitlers. Mit der Regierungsübernahme der Nationalsozialisten und der Errichtung der NS-Diktatur jedoch wurde die Einführung von Arierparagraphen Teil des staatlichen Handelns und erfasste überdies alle Bereiche der deutschen Gesellschaft.

Kaum dass die Nationalsozialisten in die Regierung aufgenommen worden waren, machten sie sich gemeinsam mit ihrem deutschnationalen Koalitionspartner daran, Juden per Gesetz aus dem Staatsapparat zu entfernen. Mit dem «Gesetz zur Wiederherstellung des Berufsbeamtentums» vom 7. April 1933 galt, dass Beamte «nichtarischer Abstammung» in den Ruhestand zu versetzen seien. Darunter fiel, wer ein Eltern- oder Großelternteil hatte, das der jüdischen Religion angehörte, was auf Grundlage des in Zukunft vorzulegenden «Ariernachweises» überprüft wurde. Zunächst galten Ausnahmeregelungen für ehemalige Frontsoldaten des Ersten Weltkriegs sowie für Beamte, die bereits vor Kriegsbeginn 1914 in den Staatsdienst eingetreten waren. Auf etwa 2500 Personen, das war rund die Hälfte der als jüdisch geltenden Beamten, traf mindestens eine der beiden Ausnahmen zu. Mit der Verabschiedung der Nürnberger Gesetze im September 1935 entfielen die Ausnahmen.

Auf den Arierparagraphen für die Beamtenschaft folgten in kurzen Abständen ähnliche Regelungen für Rechtsanwälte, Ärzte, Kulturschaffende, Soldaten und viele mehr. Zahlreiche Berufs- und Sportverbände hatten schon vor dem «Gesetz zur Wiederherstellung des Berufsbeamtentums» Juden ausgeschlossen oder erließen in den darauffolgenden Wochen und Monaten eilfertig entsprechende Bestimmungen.

10. Warum wurden jüdische Geschäfte am 1. April 1933 boykottiert? Der Boykott von Geschäften in jüdischem Besitz am 1. April 1933 war die erste großangelegte, reichsweite antisemitische Aktion nach Regierungsantritt der Nationalsozialisten. Solche Boykotte waren schon vor 1933 ein gerne gewähltes Mittel im Kampf gegen Juden gewesen, neu war jedoch der Umfang und vor allem, dass es zwar eine Aktion der NSDAP war, diese jedoch mit kaum verhohlener staatlicher Rückendeckung und Flankierung stattfand.

Im Laufe des März hatten SA-Männer in einigen Orten wie Dortmund, Breslau oder Göttingen Boykotte organisiert, bei denen sie auch vor Gewalt nicht zurückschreckten. Die NS-Führung jedoch versuchte diesen antisemitischen Elan der Basis zu bändigen, solange das sogenannte Ermächtigungsgesetz, das eine zentrale Grundlage für den Aufbau der Diktatur war, noch nicht mit Hilfe der bürgerlichen Parteien im Reichstag verabschiedet war. Danach aber ging es schnell: Am 26. März fällte Hitler in einer Beratung mit dem frisch gekürten Propagandaminister Joseph Goebbels die Entscheidung zum Boykott. Nach außen rechtfertigte die NSDAP diesen Schritt als Reaktion auf eine vermeintliche Gräuelpropaganda: «Die kommunistischen und marxistischen Verbrecher und ihre jüdisch-intellektuellen Anstifter, die mit ihren Kapitalien rechtzeitig in das Ausland ausrückten, entfalten von dort aus eine gewissenlose landesverräterische Hetzkampagne gegen das deutsche Volk überhaupt. [...] Die Boykott- und Generalhetze darf und wird nicht das deutsche Volk treffen, sondern in tausendfacher Schwere die Juden selbst.»

Unter Leitung des fränkischen Gauleiters und vulgären Antisemiten Julius Streicher wurde ein «Zentralkomitee zur Abwehr der jüdischen Greuel- und Boykotthetze» ins Leben gerufen, dem mit Heinrich Himmler, Walter Darré und Hans Frank weitere führende Nationalsozialisten angehörten. Zu dessen vordringlichen Aufgaben gehörte zunächst die Feststellung, welches Geschäft überhaupt als jüdisch gelten sollte. Dies wurde letztlich vor Ort ohne einheitliche Regelung entschieden.

Am 1. April 1933, einem Samstag, begann offiziell die Boykottaktion. SA-Männer, vielfach auch HJ-Mitglieder, postierten sich vor den Geschäften und Praxen meist mit Schildern, auf denen Parolen wie «Kauft nicht beim Juden!» standen. Sie versuchten Kundinnen und Kunden am Betreten der Läden zu hindern, beschimpften und bedrängten sie massiv, auf Gewalt sollten sie jedoch verzichten, das war ihnen vorab ausdrücklich befohlen worden.

Der ursprünglich als unbefristete «Gegenmaßnahme» geplante Boykott wurde bereits am 4. April offiziell für beendet erklärt. Ob bei dem frühen Abbruch eine vermeintlich geringe Resonanz in der Bevölkerung eine Rolle gespielt hat, ist fraglich. Ein klares Bild von der Einstellung der nichtjüdischen Bevölkerung zum Boykott lässt sich nicht zeichnen. Manchmal verschaffte sich die Kundschaft gegen die Widerstände der SA-Posten und trotz der Beschimpfungen Zutritt zum Geschäft und tätigte Einkäufe. Ob dies ein Akt der Solidarität war, eine Trotzhandlung gegen die SA oder das Festhalten am gewohnten Einkaufsverhalten, bleibt offen. Ebenso unergründlich muss die Einstellung der Mehrheit bleiben, die dem Treiben zuschaute, ihm scheinbar keine Beachtung schenkte und weiter ihres Weges zog oder an diesem Tag zu Hause blieb. Ob sie sich am Boykotttag anders verhielt als an anderen Tagen, ob sie ihn insgeheim ablehnte oder im Stillen zustimmte – weder die Nationalsozialisten damals noch die Historikerinnen und Historiker heute können dies mit Gewissheit sagen. Dass Widerstand überwiegend ausblieb und die Masse in einer stillen passiven Haltung verharrte, reichte der NS-Führung letztlich als Bestärkung, konnte sie doch ihre Ziele ungehindert verfolgen.

Die jüdischen Geschäftsleute, Ärztinnen und Ärzte sowie Rechtsanwälte standen dem Treiben der SA weitgehend hilflos gegenüber.

Nur wenige brachten den Mut auf, den Boykottposten offen entgegenzutreten. Ein Ladeninhaber in Rostock verklagte sogar den örtlichen Stadtrat und NSDAP-Kreisleiter wegen der Boykottaufrufe, scheiterte damit jedoch vor Gericht.

11. Warum verloren nichtjüdische deutsche Frauen ihre Stellen durch ein antijüdisches Gesetz? In erster Linie waren die sogenannten Nürnberger Gesetze ein tiefer Einschnitt im Leben der Juden und derjenigen, die von den Nationalsozialisten als solche definiert und verfolgt wurden. «Der Ekel macht einen krank», war Victor Klemperers niedergeschlagener Kommentar zu den Gesetzen. Doch worum genau ging es?

Zwei Gesetze waren es, die fortan unter dem Begriff Nürnberger Gesetze traurige Berühmtheit erlangen sollten, weil der eilig zusammengerufene Reichstag sie am 15. September 1935 am Rande des jährlichen Reichsparteitags der NSDAP in der fränkischen Metropole verabschiedete. Dies war zum einen das «Gesetz zum Schutze des deutschen Blutes und der deutschen Ehre», das Eheschließungen und Geschlechtsverkehr zwischen unverheirateten Juden und Nichtjuden fortan verbot; außerdem durften Nichtjüdinnen unter 45 Jahren nicht mehr in jüdischen Haushalten arbeiten. Das zweite Gesetz, das beschlossen wurde, war das Reichsbürgergesetz. Damit goss der Reichstag einen zentralen Punkt des Parteiprogramms der NSDAP von 1920 in Gesetzesform: Es wurde der Unterschied zwischen Reichsbürger und Staatsbürger eingeführt. Reichsbürger konnte demnach nur sein «der Staatsangehörige deutschen oder artverwandten Blutes, der durch sein Verhalten beweist, daß er gewillt und geeignet ist, in Treue dem Deutschen Volk und Reich zu dienen». Nach nationalsozialistischer Lesart waren Menschen, die sie als Juden definierten, demnach nurmehr Staatsbürger, mithin Bürger zweiter Klasse in Deutschland.

Neben der tiefen Demütigung und dem Schock, die für die jüdische Bevölkerung mit diesen Gesetzen verbunden waren, hatten sie auch zur Folge, dass alle Ausnahmeregelungen der Berufsbeschränkungen entfielen, die Existenzgrundlage vieler Familien nun sehr dünn wurde. Die Grundlagen jüdischen Lebens in Deutschland, die spätestens seit 1933 ohnehin von Staat, Partei und Teilen der Gesellschaft ins Wanken gebracht worden waren, wurden mit diesen Gesetzen praktisch aufgelöst und auf den Stand vor der Emanzipation der Juden von 1871 zurückkatapultiert. Gleichwohl verband sich mit den Nürnberger Gesetzen auf jüdischer Seite mitunter auch die trügerische Hoffnung, dass sie einen Schlusspunkt hinter die immer wieder losgetretenen lokalen und regionalen antijüdischen Gewaltakte und Anprangerungen setzen würden. Die trügerische Hoffnung des Breslauer Lehrers Willy Cohn auf «eine Beruhigung im Verhältnis zwischen Deutschen und Juden» teilten einige.

12. Was meinte man mit «Rassenschande»? Seit dem Erlass der sogenannten Nürnberger Gesetze im September 1935 stand in Deutschland der außereheliche Geschlechtsverkehr zwischen Juden bzw. Jüdinnen und «Staatsangehörigen deutschen oder artverwandten Blutes», wie es im Gesetz heißt, unter Strafe. Mit dem «Gesetz zum Schutze des deutschen Blutes und der deutschen Ehre» drohte dem Mann bei Verstoß dagegen eine Gefängnis- oder Zuchthausstrafe, während eine Bestrafung der Frau nicht vorgesehen war, in der Praxis aber durch den Vorwurf der Begünstigung oder gegebenenfalls des Meineids oft unterlaufen wurde. Insgesamt wurden über 2200 Männer wegen «Rassenschande» verurteilt. Die meisten Verfahren hatten ihren Ursprung in einer Denunziation. In der Praxis wurde der Vorwurf der «Rassenschande» auf intime Beziehungen mit Sinti und Roma oder mit Schwarzen ausgeweitet.

Das Gesetz verschärfte die ohnehin schon durch Verordnungen und abseits davon von der Gesellschaft betriebene Isolation der jüdischen Bevölkerung. Es griff Bestrebungen antisemitischer Scharfmacher auf, die in vielen Orten in den Monaten zuvor gegen Beziehungen zwischen Juden und Nichtjuden lautstark mobilgemacht hatten. Immer wieder wurden Paare öffentlich denunziert, gedemütigt und wüst beschimpft bis hin zu wöchentlichen Prangerumzügen wie in Breslau, wo man auch die Namen solcher Paare regelmäßig in Listen veröffentlichte. Begleitet und orchestriert wurde das weitverbreitete Treiben der Radau-Antisemiten von Julius Streicher und seiner Hetzzeitung «Der Stürmer», die geifernden Voyeurismus mit vulgärem Judenhass vermischte und ihre Leserschaft fortgesetzt zu Hass und Gewalt anstachelte.

13. Was war die Pogromnacht? Die Pogromnacht, lange Zeit als (Reichs-)Kristallnacht oder auch Novemberpogrom(e) bezeichnet, meint die Nacht vom 9. auf den 10. November 1938, in der im gesamten Reichsgebiet Synagogen in Brand gesetzt, die Wohnungen und Geschäfte von Juden zertrümmert wurden. Der Auslöser für diese in Wirklichkeit schon am 7. November einsetzende und sich auch am hellichten Tage abspielende antijüdische Gewalt war das Attentat des 17-jährigen Herschel Grünspan auf Ernst vom Rath, einen Mitarbeiter der Deutschen Botschaft in Paris, der seinen Verletzungen am 9. November erlag.

Die Tat Grünspans war ein Verzweiflungs- und Protestakt angesichts des Schicksals tausender polnischer Juden, die ab dem 26. Oktober 1938 aus dem Deutschen Reich vertrieben wurden. Unter ihnen waren die Eltern sowie zwei Geschwister Herschel Grünspans. Die Geheime Staatspolizei hatte diese Vertreibung organisiert, nachdem die polnische Regierung im März 1938 ein Gesetz in Kraft gesetzt hatte, demzufolge nach dem 31. Oktober des Jahres nur noch nach Polen einreisen könne, wer einen entsprechenden Vermerk eines polnischen Konsulats im Pass vorweisen könne. Als Mitte Oktober eine Verordnung erging, alle Pässe der Auslandspolen zu prüfen, befürchtete man in Deutschland, dass diese – überwiegend handelte es sich um Juden – nun staatenlos würden und somit in Deutschland festsäßen. Am 26. Oktober begann die Gestapo daher damit, diesen Personenkreis abzuschieben. Den Menschen blieb kaum Zeit, das Nötigste zu packen. Sie wurden gesammelt und aus vielen Orten mit Zügen an die deutsch-polnische Grenze gebracht, wo man sie zu Fuß nach Polen trieb. Als die polnische Regierung mit Repressionen gegen Deutsche in Polen antwortete, stellte die Gestapo die Vertreibungsaktion am 29. Oktober wieder ein.

Polen hatte die Grenze zu Deutschland geschlossen und weigerte sich, die vertriebenen Menschen, darunter viele Kinder, ins Land zu lassen. Eine Rückkehr verhinderte die deutsche Polizei. So saßen tausende Menschen im Niemandsland oder in polnischen Auffanglagern fest. Eine Schwester Grünspans schrieb diesem nach Paris und schilderte ihre ausweglose Lage. Der verzweifelte Junge besorgte sich eine Waffe und sprach bei der Deutschen Botschaft vor, wo er auf den Legationssekretär vom Rath traf, den er niederschoss. Grünspan wurde ohne Gegenwehr verhaftet und 1940 an das Deutsche Reich ausgeliefert, wo er im Konzentrationslager Sachsenhausen in Einzelhaft einsaß. Ein geplanter Schauprozess wurde nie durchgeführt. Die genauen Umstände des Todes von Herschel Grünspan sind unbekannt.

Die Nachricht vom Attentat in Paris ließ manche schon Schlimmes ahnen. So notierte Ruth Maier in Wien hellsichtig: «Sie werden uns schlagen, weil ein poln. Jude einen Deutschen töten wollte.» In manchen Regionen fackelte man nicht lange und wartete gar nicht erst auf ein Signal von oben. Schon am 7. und 8. November wurden in Kassel und in anderen Orten in Hessen die örtliche Synagoge und jüdische Läden zertrümmert, am 9. November war antijüdische Gewalt bereits verbreiteter.

Zum reichsweiten Schlag gegen die Juden sollte es aber erst spät in der Nacht kommen. In München waren, wie jedes Jahr an diesem Tag, Hitler und weitere hohe NS-Funktionäre in München versammelt. In Erinnerung an die Nationalsozialisten, die am 9. November 1923 während des dilettantischen Putschversuchs in München ums Leben gekommen waren, fand Jahr für Jahr die Vereidigung der SS-Rekruten sowie eine Feierstunde zu Ehren der «gefallenen Alten Kämpfer» statt. Dort erreichte Hitler die Nachricht vom Tode vom Raths. Er gab Goebbels grünes Licht für das Startsignal zu einer Welle antijüdischer Gewalt. Goebbels schwor nach Hitlers Weggang die versammelten Parteigranden darauf ein, die umgehend ihre Gaue und Parteigliederungen ins Bild setzten und mobilisierten. Was nach außen hin als Entladung des Volkszorns verkauft wurde, war tatsächlich ein zentral angestoßener, etwas überstürzt organisierter Akt von Partei, SA, SS und HJ, an dem sich aber nicht nur diese beteiligten. Parallel dazu erhielt die Gestapo den Befehl, nicht einzugreifen, lediglich Archivmaterial aus den Synagogen zu sichern und vor allem die Verhaftung von 20 000 bis 30 000 männlichen Juden in die Wege zu leiten.

In der Nacht ergoss sich über die Juden im «Großdeutschen Reich» eine Welle hemmungsloser Gewalt und Zerstörungslust. Zehntausende Familien wurden in ihren Wohnungen heimgesucht, geprügelt, Möbel und Inventar wurden zerstört oder geplündert; Synagogen wurden geschändet und in Brand gesetzt, während die Feuerwehr darüber wachte, dass anliegende Gebäude vom Feuer verschont würden; auch Geschäfte und Praxen suchte der Mob heim und verwüstete sie. Das in der Nacht losgetretene Zerstörungswerk wurde, und deswegen führt der Begriff «Pogromnacht» in die Irre, am darauffolgenden Tag vor aller Augen fortgeführt. Nun beteiligten sich weitere Gruppen, mitunter führten Lehrer ganze Schulklassen an. Ausländische Diplomaten und Journalisten beobachteten das Treiben und berichteten in aller Welt darüber, selbst Zeitungen in Sibirien oder Australien brachten Artikel dazu. Bald schon gab es erste Augenzeugenberichte unmittelbar Betroffener, die aus Deutschland geflohen waren, im Ausland zu lesen und zu hören.

Die Bilanz dieser tagelangen Gewaltorgie ist erschütternd: Schätzungsweise 1300 bis 1500 Menschen wurden getötet oder starben an den Folgen der Gewalt, 30 756 jüdische Männer wurden verhaftet und zeitweise in Konzentrationslager gesperrt, was rund 1000 von ihnen nicht überlebten. Die Übrigen kamen in der Regel frei, wenn ihre Ausreise aus Deutschland organisiert war. 1406 Synagogen wurden geplündert und niedergebrannt, unzählige Wohnungen und Geschäfte von Juden verwüstet.

Die Kosten der organisierten Zerstörungswut hatten die Juden zu tragen. Am 12. November kam unter Vorsitz von Reichsmarschall Hermann Göring eine hochrangige Runde zusammen, bilanzierte die vergangenen Tage und beriet über weitergehende Maßnahmen. Es wurde eine «Sühneabgabe» in Höhe von einer Milliarde Reichsmark beschlossen, die die Juden zu leisten hätten. Zahlungen im Zuge der Schadensregulierung durch Versicherungen wurden beschlagnahmt.

Der Terror während der Novemberpogrome öffnete vielen Juden die Augen. Nun hatte kaum noch jemand die Illusion, es ließe sich ein irgendwie erträgliches Leben im nationalsozialistischen Deutschland führen. Die Flucht bzw. Auswanderung von Juden nahm in den folgenden Wochen und Monaten erheblich zu – dabei wirkten die geplatzten Illusionen und eine erhebliche Erhöhung des Drucks Hand in Hand. Die zum 1. Januar 1939 beschlossene vollständige Ausschließung der Juden aus dem Wirtschaftsleben trug ein Übriges dazu bei.

14. Warum sind nicht alle Juden aus Deutschland geflohen? Im Sommer 1938 versammelten sich die Vertreter von über 30 Staaten im französischen Ort Evian am Ufer des Genfer Sees, um über die Flüchtlingsfrage zu konferieren. Nach mehr als einer Woche gingen sie ohne Ergebnis auseinander. Keiner der teilnehmenden Staaten war zur Aufnahme von mehr Flüchtlingen bereit. Chaim Weizmann, der Präsident der Zionistischen Weltorganisation, brachte die Situation auf den Punkt: «Die Welt scheint nur zwei Arten von Ländern zu haben: die, in denen Juden nicht leben können, und die, in die sie nicht einreisen dürfen.» Mit diesem Schlaglicht aus dem Juli 1938 ist nur einer von vielen Faktoren benannt, warum nicht mehr Juden aus Deutschland geflüchtet sind. Die Abschottung vor Flüchtlingen allgemein, vor ausgeplünderten jüdischen Flüchtlingen allemal, war ein globales Phänomen. Anfangs nahmen europäische Nachbarländer wie Frankreich, die Niederlande oder die Tschechoslowakei politische Flüchtlinge aus Deutschland in großer Zahl auf. Mit der Zeit erhöhten jedoch auch diese Staaten die Hürden und verfügten zunehmend restriktivere Regelungen. Klassische Einwanderungsländer wie die Vereinigten Staaten, Kanada oder Australien schotteten sich mit immer engeren Quotenregelungen auch ab.

Diese Entwicklung ging Hand in Hand mit Restriktionen, die die NS-Regierung und ihre Behörden allen auferlegte, die sich um eine legale Ausreise bemühten. Das Regime mäanderte in seinen Maßnahmen zwischen dem Bestreben, die Auswanderung von Juden erheblich zu forcieren und sie auf diesem Wege loszuwerden, und Maßnahmen, die dem diametral zuwiderliefen, weil sie die Menschen der notwendigen Mittel beraubten. Dazu zählte unter anderem die Reichsfluchtsteuer, die freilich schon 1931 zur Verhinderung einer Kapitalflucht eingeführt, von den Nationalsozialisten aber erheblich verschärft worden war. Mit diesem Instrument entzogen sie ein Viertel des Vermögens; Devisenbestimmungen und andere bürokratische Kniffe reduzierten es zusätzlich. Erschwerend kam die Sozialstruktur der jüdischen Bevölkerung hinzu, da Akademiker und Kaufleute ohne hinreichend Kapital nicht gefragt waren, fürchtete man doch die Folgekosten einer Armutszuwanderung.

Am Anfang musste jedoch erst einmal der Entschluss zum Verlassen des Zuhauses, die Entscheidung zur Flucht ins Ungewisse stehen. Die deutschen Juden waren fest verwurzelt im Land und fühlten sich trotz eines schon vor dem Machtantritt der Nationalsozialisten grassierenden Antisemitismus zugehörig und als integraler Teil der Gesellschaft. Dass dies nicht mehr der Fall sein sollte, war für viele zunächst nicht erkennbar, zumal die antijüdischen Maßnahmen Schritt für Schritt in kleinen Dosen verabreicht wurden, so dass immer wieder die Hoffnung bestand, dass auf die letzten Einschränkungen keine weiteren mehr folgen würden und man sich schon arrangieren könne. In vielen Fällen machten sich die Menschen erst nach den Novemberpogromen 1938 frei von diesen Illusionen, als es für viele schließlich schon zu spät war, da sie neben den bürokratischen Hürden nun vor allem an Restriktionen potentieller Aufnahmeländer scheiterten. Nur wenige Staaten und Regionen ließen jüdische Flüchtlinge aus NS-Deutschland bereitwillig einreisen. Zu diesen Ausnahmen gehörte Shanghai, wohin sich bis Sommer 1941 mindestens 18 000 Juden aus Deutschland und Österreich retteten. Insgesamt konnte trotz all der Beschränkungen und inneren Hemmnisse rund die Hälfte der deutschen Juden fliehen.

Bereits mit Beginn des Krieges am 1. September 1939 verschlechterten sich die Aussichten auf eine Ausreise deutlich, mit dem Überfall auf die Sowjetunion im Juni 1941 und dem Beginn der Deportationen aus Deutschland im September 1941 waren die Ausreise- und Fluchtmöglichkeiten de facto gänzlich weggefallen. Die kriegerische Expansion Deutschlands zwang überdies viele zur erneuten Flucht, da die Wehrmacht in ihr Exilland einmarschierte und ihr SS und Polizei folgten, die sich sogleich daranmachten, deutsche Emigranten aufzuspüren. Für viele setzte nun eine Flucht von Land zu Land ein, die letztlich nicht selten an irgendeinem Punkt mit der Gefangennahme und späteren Deportation endete.

15. Wer war «Halbjude»? Der Begriff «Halbjude» entstammt der Alltagssprache des «Dritten Reiches». In den einschlägigen Gesetzen und Verordnungen sprachen die Nationalsozialisten nicht von «Halbjuden»; sie gebrauchten stattdessen die Bezeichnung «jüdischer Mischling». Unterschieden wurde dabei zwischen «jüdischen Mischlingen ersten Grades», worunter Personen mit zwei jüdischen Großeltern fielen, und «jüdischen Mischlingen zweiten Grades», die nur ein jüdisches Großelternteil hatten.

Dieses im Grunde tautologische Modell basiert nur vordergründig konsequent auf einem «rassischen» Abstammungsprinzip. Die Nationalsozialisten vermengten in weiteren Differenzierungen das Kriterium der Abstammung mit dem des Bekenntnisses: «Mischlinge ersten Grades» galten immer dann auch als «Volljuden», wenn sie einer jüdischen Gemeinde angehörten oder mit einem Juden verheiratet waren. Man sprach daher auch von «Geltungsjuden». Insgesamt lebten 1939 im Deutschen Reich circa 115 500 «Mischlinge».

Die grotesk anmutende Kategorisierung hatte existenzielle Folgen für die betroffenen Menschen, da sie mit Beginn der Deportationen und des systematischen Massenmords über Leben und Tod entscheiden konnte. Wer als «Geltungsjude» mit einer Jüdin (oder umgekehrt) verheiratet war, zählte von Anfang an zur Gruppe derjenigen, die in den Osten in die Ghettos oder Vernichtungslager deportiert wurden. Dies galt in der Regel auch für die gemeinsamen Kinder.

Wer als «Mischling» stigmatisiert wurde, blieb von etlichen antijüdischen Verordnungen und Maßnahmen verschont. So musste diese Gruppe beispielsweise keinen Stern tragen und war somit im Alltag nicht auf einen Blick als quasi vogelfreie Person erkennbar. Von den Deportationen in die Lager und Ghettos nahm man sie zunächst ebenfalls aus, zog sie aber ab 1944 im Reich zur Zwangsarbeit heran. Da der Logik der Rassenideologie zufolge «Mischlinge» in den deutsch besetzten Ländern keinen deutschen Blutsanteil aufwiesen, den es zu retten gelte, nahmen die Nationalsozialisten diese Unterscheidung dort nicht vor. Menschen, die in Deutschland als «Mischlinge ersten Grades» gegolten hätten, waren in den besetzten Ländern der gleichen Verfolgung ausgesetzt wie alle anderen, die drei oder vier jüdische Großeltern hatten.

16. Hat Hitler am 30. Januar 1939 den Holocaust angekündigt?

Am 30. Januar 1939 trat Hitler, wie jedes Jahr, vor den Reichstag und hielt eine Rede aus Anlass des Jahrestags der «Machtergreifung», wie die Nationalsozialisten ihren Regierungsantritt nannten. Lange pries der Diktator die Errungenschaften seiner Herrschaft, bevor er in einer Passage auch auf die Juden zu sprechen kam. «Ich bin in meinem Leben sehr oft Prophet gewesen und wurde meistens ausgelacht. [...] Ich will heute wieder Prophet sein», setzte Hitler zu seiner vielzitierten Drohung an. «Wenn es dem internationalen Finanzjudentum in und außerhalb Europas gelingen sollte, die Völker noch einmal in einen Weltkrieg zu stürzen, dann wird das Ergebnis nicht die Bolschewisierung der Erde und damit der Sieg des Judentums sein, sondern die Vernichtung der jüdischen Rasse in Europa.»

Diese Passage wird mitunter als Beleg dafür angeführt, dass Hitler und die NS-Führung zu diesem Zeitpunkt, manchen Historikern zufolge schon von Anfang an, zum Massenmord an den Juden entschlossen gewesen seien und nur noch auf Gelegenheit und Mittel dazu warteten. In den Augen dieser auch als Intentionalisten bezeichneten Historiker reiht sich diese Rede in eine Kette ähnlicher Äußerungen Hitlers und anderer Nationalsozialisten ein. Sie sehen den Holocaust als ein im Wesentlichen von vornherein geplantes Projekt.

Andere deuten Hitlers Rede vom Januar 1939 als radikale Rhetorik und als ein taktisches Manöver, das doppelten Druck ausüben sollte: Auf die Juden, das Deutsche Reich zu verlassen, und auf das Ausland, diese nun vermehrt aufzunehmen. Überdies könnte seine

Drohung als Flankierung der nächsten expansiven Schritte Deutschlands gedacht gewesen sein. Indem er die Juden gewissermaßen in Geiselhaft nahm und für den Fall eines Krieges ihre Vernichtung androhte, wollte er womöglich ein Eingreifen Großbritanniens und anderer Mächte verhindern.

Gleich welcher Interpretation man zuneigt, deutet diese Rede zusammen mit anderen radikalen Äußerungen in dieser Zeit darauf hin, dass Massenmord als eine zumindest vage Option, gewissermaßen als eine Utopie radikaler Nationalsozialisten, schon in den Köpfen existierte. Diese Präsenz eines Massenmords in der Rhetorik entfaltete über kurz oder lang eliminatorische Wirkung und half, den Weg zum Holocaust zu ebnen.

17. Was war die «Arisierung»? Die Arisierung war das Schlagwort, hinter dem sich eine zentrale Forderung der Antisemiten schon seit dem 19. Jahrhundert verbarg: die Verdrängung der Juden aus dem Wirtschaftsleben. Mit dem Regierungsantritt der Nationalsozialisten rückte die Phantasie einer rassereinen Gesellschaft und Wirtschaft, die völkische Politiker jeglicher Couleur gehegt hatten, in greifbare Nähe. Die «Entjudung» der Wirtschaft, wie sie auch genannt wurde, verfolgte man, zur Enttäuschung mancher Scharfmacher, nicht von Anfang an mit Nachdruck. Rücksichten auf die konservativen Bündnispartner, komplexe und anfällige Strukturen im wirtschaftlichen Gefüge und Verflechtungen mit dem Ausland waren einige der zunächst bremsend wirkenden Faktoren.

Mit der Zeit radikalisierte sich die Arisierungspolitik jedoch wie die Verfolgungspolitik gegen die Juden generell. Verkäufe von Firmenbesitz oder Anteilen, die anfangs noch zu fast marktüblichen Preisen möglich waren, erfolgten ab Mitte der dreißiger Jahre, auch durch den gewachsenen Einfluss der NSDAP auf das Verfahren, immer mehr zu Ungunsten der jüdischen Besitzer.

Nach den Novemberpogromen radikalisierten die Nationalsozialisten die Arisierung erheblich, indem jüdische Betriebe nun zwangsarisiert wurden. Den Zugriff auf das Vermögen der Juden hatte man sich bereits im April 1938 durch eine Verordnung über die Anmeldung jüdischen Vermögens gesichert. Weitere gesetzliche Regelungen, Abgaben und Ähnliches sorgten dafür, dass Jüdinnen und Juden im Zuge einer geglückten Ausreise aus Deutschland fast ihren gesamten Besitz an den deutschen Staat verloren. Diejenigen, die keine Fluchtmöglichkeit mehr fanden, verloren ihren Besitz mit der Deportation.

Der Staat war jedoch nicht alleiniger Nutznießer der Arisierung. Zahlreiche Unternehmen, Betriebe und Handelshäuser von Nichtjuden profitierten entweder indirekt durch den Wegfall starker Konkurrenten oder direkt durch Aufkäufe zu häufig erzwungenen Dumpingpreisen. Auch in der Gesellschaft gab es jenseits von Handel und Wirtschaft unzählige Profiteure, die Mobiliar, Hausrat und anderes mehr aus jüdischem Besitz im Wissen um die Herkunft, und später auch im Wissen oder in der Ahnung um das Schicksal der ehemaligen Besitzer, auf Auktionen und zu anderen Anlässen günstig erwarben. Daher sprechen manche Forscher im Hinblick auf den NS-Staat und die deutsche Gesellschaft auch von einer Raubgemeinschaft.

18. Mussten alle Juden einen gelben Stern tragen? Schon länger hatten führende Nationalsozialisten auf eine Kennzeichnung der Juden gedrängt. Nach dem Novemberpogrom 1938 zum Beispiel hatte Reinhard Heydrich dies in einer hochrangigen Besprechung vorgeschlagen. Erst im August 1941 gab Hitler jedoch sein Einverständnis, was am 1. September 1941 in eine Polizeiverordnung mündete, der zufolge alle Jüdinnen und Juden ab sechs Jahren ab dem 15. September für jeden sichtbar und angenäht einen gelben Stern mit der Aufschrift «Jude» tragen mussten. Überdies durften sie ihre Wohngemeinde nicht mehr ohne schriftliche Erlaubnis verlassen. Der Zwang zum Tragen des «Judensterns» galt nicht für jüdische Frauen, die mit einem nichtjüdischen Mann verheiratet waren, oder einen jüdischen Mann, der Kinder, die nicht als Juden galten, zusammen mit einer Nichtjüdin hatte.

Nach der Einführung des J-Stempels in Reisepässen von Juden im Herbst 1938 war dies nun eine nach außen für alle sichtbare Markierung von Juden und damit ein tiefer Einschnitt und wichtiger Baustein zu ihrer weiteren Isolation, kurz bevor die Deportationen aus dem Deutschen Reich begannen. Victor Klemperer sah in ihm «Umwälzung und Katastrophe». Durch den Stern nun für alle als Jude erkennbar, mussten er und viele andere Jüdinnen und Juden vermehrt Beschimpfungen und mitunter auch Gewalt vonseiten der nichtüdischen Deutschen, oft von Jugendlichen, erleiden. Nur manche zeigten den gebrandmarkten Menschen demonstrativ Solidarität und Mitgefühl, sei es durch Grüßen, durch aufmunternde Worte oder stille Gesten. Mit der Zeit nahmen jedoch auch diese vereinzelten Zeichen der Verbundenheit ab.

Vor der Kennzeichnungspflicht für Juden im Deutschen Reich sowie dem Protektorat Böhmen und Mähren hatten die deutschen Besatzer ähnliche Verordnungen bereits in besetzten Ländern erlassen. In den annektierten westpolnischen Gebieten zum Beispiel mussten Juden einen «Judenstern» tragen, im Generalgouvernement eine weiße Armbinde mit einem blauen Davidstern. In anderen besetzten Ländern wurden solche Kennzeichnungen erst 1942 eingeführt, so in Belgien, Frankreich und den Niederlanden, wo ebenfalls ein gelber Stern getragen werden musste.

Die Idee einer äußerlich sichtbaren Kennzeichnung der Juden hatte eine lange unselige Tradition. Das Vierte Laterankonzil zum Beispiel hatte 1215 eine weithin sichtbare Kennzeichnung beschlossen. Diese wich örtlich voneinander ab und bestand manchmal in der Pflicht zum Tragen eines sogenannten Judenhutes, eines spitzen, meist gelben Hutes, oder zum Tragen eines Stoffflickens, gleichfalls häufig gelb.

19. Was hat Madagaskar mit dem Holocaust zu tun? Mit dem zeitweilig erwogenen Plan, alle Juden ihres Herrschaftsbereichs auf die Insel Madagaskar zu verfrachten, griffen Beamte des Auswärtigen Amtes und der SS- und Polizeiapparat Himmlers im Sommer 1940 alte Phantasien der Antisemiten auf, die schon im 19. Jahrhundert und in der Zwischenkriegszeit davon geträumt hatten. Nach der Niederlage Frankreichs im Juni 1940 wärmten Beamte im Auswärtigen Amt den Plan auf, da Madagaskar als Teil des französischen

Kolonialbesitzes nun in Reichweite schien. Die Ausgestaltung der Überlegungen im Detail sollte Adolf Eichmanns Referat im Reichssicherheitshauptamt übernehmen. Diese «territoriale Lösung der Judenfrage», die durchaus tödliche Folgen für viele der potentiell Betroffenen gehabt hätte, verschwand bald wieder im Reich der Phantasien. Entgegen einer kurzzeitigen Hoffnung gingen die Kampfhandlungen gegen die anderen Kriegsparteien auch nach der Kapitulation Frankreichs allenthalben weiter, so dass an einen Transport von hunderttausenden Menschen per Schiff nicht zu denken war, abgesehen von allen anderen praktischen Schwierigkeiten, die einer Realisierung im Wege gestanden hätten. Mit dem Überfall auf die Sowjetunion am 22. Juni 1941 und der im Zuge dessen beginnenden Ermordung erst der sowjetischen, später auch der übrigen Juden im deutschen Herrschaftsbereich wurde der Madagaskarplan vollends obsolet. Er blieb ein kurzzeitiges Intermezzo in einer Reihe von ausufernden und mörderischen antijüdischen Szenarien deutscher Amtsstuben.

20. Wer lebte in einem Judenhaus? Unmittelbar nach dem Novemberpogrom diskutierten führende Nationalsozialisten unter Leitung Hermann Görings über weitere Maßnahmen gegen die Juden im Deutschen Reich. Eine von Göring ins Spiel gebrachte Ghettoisierung lehnte Reinhard Heydrich, der Chef der Sicherheitspolizei, jedoch ab, da die Polizei nicht zu der notwendigen Kontrolle in der Lage sei. Stattdessen schlug er die Konzentration der Juden in einzelnen Häusern vor, wo die nichtjüdische Bevölkerung aus der Nachbarschaft ein zusätzlicher Kontrollfaktor sei.

Den Weg hierzu ebnete Ende April 1939 das Gesetz über Mietverhältnisse mit Juden, das den Kündigungsschutz für jüdische Mieter und Untermieter weitgehend außer Kraft setzte. Lokal wich die Geschwindigkeit, mit der die zuständigen Wohnungsämter diesen Hebel ansetzten und zu einer Konzentration der Juden nutzten, erheblich voneinander ab. Zum Tragen kam sie meist erst nach Kriegsbeginn, verschärft später noch einmal durch wachsende Zerstörungen im Luftkrieg. Nun bot die Unterbringung in Judenhäusern die

Gelegenheit, Wohnraum für Nichtjuden freizumachen, deren Wohnungen durch Bombenangriffe zerstört worden waren.

Ab 1941 schließlich durften Juden nur noch in solchen Häusern wohnen, die ab 1942 zudem mit einem Stern an der Haustür entsprechend markiert werden mussten. In den Judenhäusern lebten mehrere Parteien auf beengtem Raum zusammen. Die Enge, der Stress durch den wachsenden Verfolgungsdruck und die immer schlechtere Versorgung führten häufig zu Konflikten der Bewohner untereinander. Dauernd drohende und häufig durchgeführte Kontrollen durch Gestapobeamte trugen ihr Übriges dazu bei und gingen überdies mit Schikanen, Diebstahl und willkürlicher Zerstörung des ohnehin schon wenigen Hab und Guts einher. Victor Klemperer, der in Dresden mit seiner Frau seit Mai 1940 in einem Judenhaus lebte, charakterisierte dies in seinem Tagebuch als «Gehobenes KZ».

21. Inwiefern war St. Louis ein Hoffnungsschimmer für manche Juden? Mit dem Namen St. Louis verband sich im Mai 1939 für 930 Juden die Hoffnung, sich aus dem nationalsozialistischen Deutschland ins sichere Kuba retten zu können. Es handelte sich um ein Schiff der Hamburg-Amerika-Linie, das am 13. Mai 1939 in Hamburg abgelegt hatte und zwei Wochen später Havanna erreichte.

Die Passagiere an Bord hatten von Manuel Benítez González, dem Generaldirektor der kubanischen Einwanderungsbehörde, Landeberechtigungen für Kuba gekauft. Die kubanische Regierung erklärte diese aber für ungültig, wobei zum einen die Abwehr jüdischer Einwanderer, zum anderen auch Missgunst gegenüber González eine Rolle spielte, da dieser sich an dem Handel bereichert hatte. Die Menschen traten die Reise dennoch an, wohl weil sie hofften, dass ihre noch vor dieser Entscheidung gekauften Berechtigungen doch noch anerkannt würden.

Die Hoffnung trog jedoch, die kubanischen Behörden verweigerten den gut 900 Passagieren, wenn sie nicht auch noch gültige reguläre Visa vorweisen konnten, die Einreise. Nach gescheiterten Verhandlungen musste die «St. Louis» Anfang Juni wieder ablegen, bewegte sich aber in der Nähe, da ein Vertreter des American Joint

Distribution Committee weiter über eine Aufnahme der Menschen verhandelte. Am 6. Juni schließlich musste das Schiff unverrichteter Dinge die Rückreise nach Deutschland antreten.

Der Fall machte weltweit Schlagzeilen; Belgien, Frankreich, Großbritannien und die Niederlande erklärten sich schließlich bereit, jeweils einen Teil der Passagiere aufzunehmen. Die «St. Louis» steuerte daher Antwerpen an, von wo aus 214 Menschen nach Belgien, 224 nach Frankreich, 287 nach Großbritannien und 181 in die Niederlande gingen. Die meisten der in den Benelux-Ländern untergekommenen Flüchtlinge der «St. Louis» gerieten wenig später in die Fänge der deutschen Besatzer; von ihnen kamen etwa 250 in den folgenden Jahren ums Leben.

Die als «Irrfahrt der St. Louis» bekannt gewordene Geschichte wurde in den siebziger Jahren unter dem Titel «Die Reise der Verdammten» verfilmt, das Theaterstück «Die Reise der Verlorenen» von Daniel Kehlmann, das 2018 uraufgeführt wurde, basiert gleichfalls auf den Ereignissen im Mai und Juni 1939.

22. Wie kam das «J» in den Pass? Wie nahezu alle Staaten der Erde setzte die Schweiz viel daran, sich gegen Flüchtlinge abzuschotten. Da seit 1926 jedoch zwischen der Schweiz und dem Deutschen Reich Visumfreiheit galt, standen die eidgenössischen Behörden vor dem Problem, dass sie an der Grenze in der Regel nicht zwischen jüdischen Flüchtlingen und nichtjüdischen Reisenden unterscheiden konnten. Mit dem «Anschluss» Österreichs an das Deutsche Reich im März 1938 und der daraufhin einsetzenden massiven Fluchtbewegung von Juden spitzte sich aus Schweizer Sicht die Problemlage erheblich zu. Heinrich Rothmund, der Chef der Schweizer Bundespolizei, protestierte im Juni 1938 energisch beim Auswärtigen Amt in Berlin. Der Schweizer Gesandte in Berlin legte im August 1938 nach; man sei «entschieden gegen eine Verjudung des Landes» und denke über die Aufhebung der Visafreiheit nach.

Die Drohung entfaltete ihre Wirkung. In Gesprächen in den folgenden Wochen einigte man sich darauf, die Visafreiheit für Nichtjuden beizubehalten, wenn die Pässe Juden eindeutig als solche auswiesen, wie es die Schweizer Verhandlungspartner forderten. Davon sollten jedoch die Pässe aller deutschen Juden betroffen sein, ob sie nun in die Schweiz ausreisen wollten oder nicht. Wenige Tage nachdem man sich mit Rothmund geeinigt hatte, veröffentlichte Werner Best vom Reichssicherheitshauptamt am 5. Oktober eine entsprechende Verordnung, der zufolge Pässe von Juden mit einem großen «J» in roter Farbe zu stempeln waren. Dieser auf Schweizer Druck beschlossenen Kennzeichnung folgten in den nächsten Jahren weitere, etwa diejenige der Lebensmittelkarten.

23. Mussten alle Juden in Deutschland Sara beziehungsweise Israel heißen? Die Isolierung und Brandmarkung von Juden in Deutschland war ein zentrales Anliegen vieler Nationalsozialisten, wodurch sie unter anderem den Auswanderungsdruck erhöhen wollten. Etliche frönten dabei allerdings schlicht einem sadistischen Judenhass. Beides griff ineinander, denn es waren oft die Vulgärantisemiten vom Schlage des fränkischen Gauleiters Julius Streicher, die als Scharfmacher an der Basis fungierten und so Stimmungen anfachten bzw. erzeugten, die Partei und staatliche Instanzen aufgriffen und in Gesetzen und Verordnungen kanalisierten. Namen als Mittel der Stigmatisierung standen bei Judenhassern dabei schon seit Jahrhunderten hoch im Kurs. Dessen hatten sich auch Nationalsozialisten immer wieder bedient. Joseph Goebbels zum Beispiel führte als Gauleiter der NSDAP in Berlin in den zwanziger und dreißiger Jahren eine beharrliche antisemitische Kampagne gegen den Berliner Polizeivizepräsidenten Bernhard Weiß, in der er diesen unter anderem notorisch als «Isidor Weiß» titulierte.

Nach dem Regierungsantritt der Nationalsozialisten gab es auch im Staatsapparat vermehrt Bestrebungen, das Namensrecht gegen Juden zu wenden, etwa indem Forderungen erhoben wurden, Namensänderungen von Juden in den vergangenen Jahrzehnten rückgängig zu machen, um ihre «Tarnung» aufzuheben. Mitte August 1938 schließlich erging eine von Ministerialrat Hans Globke im Reichsinnenministerium entworfene Verordnung, die eine fundamentale Änderung im Leben aller Juden in Deutschland bewirkte.

Fortan mussten jüdische Männer Israel, jüdische Frauen Sara als Zweitnamen führen, wenn sie nicht bereits einen Vornamen führten, den das Ministerium in einer Liste als jüdische Namen deklarierte. Alle Neugeborenen mussten in Zukunft einen dieser aufgelisteten Namen bekommen. Im Umgang mit Behörden waren Juden von nun an immer als solche erkennbar, da sie ihren aufgezwungenen Zweitnamen angeben mussten. «Es wäre zum Lachen, wenn man nicht den Verstand darüber verlieren könnte», kommentierte Victor Klemperer bitter die neue Regelung.

24. Was war ein Ghetto? Ghettos waren ein zentraler Ort in der Geschichte des Holocaust und für das Leben einer Vielzahl der Opfer und Verfolgten. In mehr als 1100 Städten und Orten errichteten die Besatzer Ghettos, das heißt der jüdischen Bevölkerung wurde ein bestimmter Teil der Stadt, wenige Straßenzüge bis hin zu einem ganzen Stadtteil, als Wohnort zugewiesen. Dorthin mussten die Juden innerhalb einer kurzen Frist unter Androhung bzw. Anwendung von Zwang und Gewalt umziehen, die ansässige nichtjüdische Bevölkerung hatte ihre Wohnungen im entstehenden Ghetto zu räumen. Dieser Prozess ging in der Regel mit dem Verlust eines Gutteils des Besitzes einher und führte zu einer starken Verarmung der Juden. Diese lebten nach Einrichtung eines Ghettos auf deutlich engerem Raum als zuvor, die Versorgungslage spitzte sich zu und Kontaktmöglichkeiten zu Nichtjuden wurden erschwert. Vielerorts waren Krankheiten und grassierender Hunger die Folge, die viele Todesopfer forderten. Es gab geschlossene Ghettos, die mit Hilfe einer Stacheldrahtumzäunung, einer Mauer oder anderweitig vom Rest des Ortes abgeriegelt waren und deren Grenzen innen von einer jüdischen polizeiähnlichen Einheit, dem jüdischen Ordnungsdienst, und außen von deutscher oder einheimischer Polizei bewacht wurden. Mancherorts, vor allem in kleineren Ortschaften auf dem Land, gab es auch sogenannte offene Ghettos, die nur mit Genehmigungen oder zu bestimmten Zeiten verlassen werden durften und die nicht baulich abgegrenzt waren.

Ghettos gab es vor allem im deutsch besetzten Ostmitteleuropa auf dem Gebiet der heutigen Länder Polen, Litauen, Lettland, Estland, Weißrussland, der Ukraine und Russland, aber auch in der Tschechoslowakei (Theresienstadt) oder in Griechenland (Thessaloniki). Insgesamt lebten Schätzungen zufolge über 2 Millionen Menschen zeitweise in einem Ghetto. Im deutsch besetzten West- und Nordeuropa gab es keine Ghettos; ein Versuch, das jüdische Viertel in Amsterdam in ein solches umzuwandeln, wurde nach wenigen Tagen aufgegeben. Im Deutschen Reich war die Einrichtung von Ghettos nach den Novemberpogromen diskutiert, vom Chef der Sicherheitspolizei, Reinhard Heydrich, aber aus Sicherheitsgründen verworfen worden. Die spätere Konzentration der Juden in einzelnen sogenannten Judenhäusern und andere Maßnahmen isolierten sie zwar zunehmend von der nichtjüdischen Gesellschaft, waren aber mit einem Ghetto nicht vergleichbar.

Das erste Ghetto wurde in der polnischen Kleinstadt Petrikau (Piotrków Tybunalski) Anfang Oktober 1939 von der örtlichen deutschen Besatzungsverwaltung eingerichtet. Ihm folgten in den kommenden Monaten und Jahren hunderte weitere. Dabei war die Ghettoisierung im besetzten Polen nicht zentral gesteuert und lief regional sehr unterschiedlich. Während in manchen Regionen die jüdische Bevölkerung sehr früh konzentriert wurde, geschah dies andernorts erst nach dem Anlaufen des systematischen Massenmords. Dies erschwert generelle Aussagen. Längere Zeit sah man in den Ghettos vielfach eine von Anfang an beabsichtigte Vorbereitung auf die spätere Ermordung der Juden. Dies ist nach neueren Forschungen für die frühen Ghettos, die in den Jahren 1939/40 errichtet wurden, heute ausgeschlossen, da es zu diesem Zeitpunkt noch keine Planungen für einen systematischen Massenmord gab. Als dieser jedoch anlief, erwiesen sich Ghettos für die Täter als perfekte Vorbereitung, da sie ihnen einen einfachen und konzentrierten Zugriff auf ihre Opfer ermöglichten und diese vom Rest der Bevölkerung isolierten. Zudem waren die Insassen bereits durch Hunger und Krankheiten entkräftet und somit weniger zu Widerstand in der Lage. In manchen Regionen jedoch, wie dem Distrikt Krakau im besetzten Polen oder einigen Gebieten der deutsch besetzten Sowjetunion, wurden Ghettos zu einem späteren Zeitpunkt errichtet, als der systematische Massenmord bereits begonnen hatte, und dienten seiner unmittelbaren Vorbereitung.

Im Zuge der voranschreitenden Ermordung der Juden wurden viele Ghettos nach und nach liquidiert, wenn die deutschen Besatzer ihre Bewohner, oft mit Hilfe einheimischer Kräfte, deportiert und ermordet hatten. Nur wenige Ghettos ließ man vorübergehend darüber hinaus bestehen. Manche von ihnen sollten untergetauchte Juden anlocken, indem man den Eindruck erweckte, dort sei ein Überdauern möglich. Andere wie das Ghetto Lodz/Litzmannstadt, das bis zum Sommer 1944 existierte, schienen wegen der aufgebauten Produktionskapazitäten und billigen Arbeitskräfte wirtschaftlich noch interessant. Eine Reihe dieser Ghettos wurde allerdings ab Mitte 1943 in Konzentrationslager umgewandelt.

Das Leben in den Ghettos war von ständiger Entbehrung geprägt. Die Menschen litten unter Mangelversorgung, so dass sich zahlreiche Krankheiten ausbreiteten und viele Opfer forderten. Denn trotz aller Bemühungen konnte keine adäquate medizinische Behandlung geleistet werden. Für ihre Organisation und die Verwaltung aller anderen Lebensbereiche innerhalb der Zwangswohnviertel war der Judenrat verantwortlich, ein von den Deutschen berufenes Führungsgremium aus 12 oder 24 Mitgliedern. Sie sollten eine jüdische Verwaltung aufbauen und mussten irgendwie versuchen, die Mangelversorgung in geordnete Bahnen zu lenken. Dem waren vonseiten der Besatzer, die von außen die totale Kontrolle ausübten, sehr enge Grenzen gesetzt. Dennoch konnte in vielen Ghettos eine umfangreiche soziale Fürsorgearbeit aufgebaut werden, die die Not vieler Menschen mit Hilfe von Suppenküchen und anderen Einrichtungen wenigstens etwas linderte. Über die Anstrengungen der jüdischen Verwaltung hinaus setzten viele Ghettobewohner in privaten Initiativen vieles daran, ein Stück Normalität aufrechtzuerhalten bzw. zu schaffen, indem sie, oft heimlich, religiöse Feiern abhielten, kulturelle Aktivitäten entfalteten und vieles mehr. So schufen sie das, was der spätere Literaturkritiker und Überlebende des Warschauer Ghettos Marcel Reich-Ranicki eine «Gegenwelt» nannte.

25. Warum erkrankten so viele Juden in den Ghettos an Fleckfieber? Fleckfieber, häufig auch Flecktyphus genannt, ist eine Infektionskrankheit, die durch Läuse übertragen wird und mit hohem Fieber sowie einem fleckigen Hautausschlag einhergeht. Die deutschen Besatzer in Polen verunglimpften die Juden als Parasiten, Seuchenträger und Überträger des Fleckfiebers, wobei sie auf alte antisemitische Stereotype zurückgriffen, die auch Hitler in «Mein Kampf» bereits benutzt hatte. Ein mehrheitlich von Juden bewohntes Stadtviertel in Warschau sperrten sie im November 1939 für Deutsche mit großangeschlagenen Warnhinweisen vor Betreten des «Seuchensperrgebiets». Mit der Errichtung des Ghettos ein Jahr später ließen sie diese Propaganda dann Wirklichkeit werden. Die engen Wohnverhältnisse in Ghettos schufen gepaart mit der fehlenden Möglichkeit zu ausreichender Hygiene ideale Voraussetzungen für eine Verbreitung der Krankheit. Im Warschauer Ghetto kam es daher 1941 zu einer Fleckfieberepidemie, die viele Menschen das Leben kostete. Damit verursachten die deutschen Besatzer erst das Problem, vor dem sie zuvor in ihrer antisemitischen Propaganda gewarnt hatten. Eine Lösung suchten sie in der Radikalisierung der Verfolgung; sie erließen eine Verordnung, der zufolge Juden, die man ohne Genehmigung außerhalb der Ghettos aufgriff, hingerichtet würden. Die Epidemie, die zehntausende Opfer forderte, konnte unter großen Schwierigkeiten eingedämmt werden. Der weltberühmte Mediziner und Spezialist für das Immunsystem Ludwig Hirszfeld organisierte Schulungen und Vorlesungen, viele weitere engagierten sich im Kampf gegen das Fleckfieber. Die von der Verwaltung organisierten Entlausungen der Wohnungen allerdings schufen neues Unheil, da man recht rabiat vorging und dabei oft noch die letzte Habe der Menschen unbrauchbar machte. Neue Forschungen gehen davon aus, dass es vor allem durch verbesserte Hygienemaßnahmen sowie Abstandhalten zu anderen Personen, sofern die Enge dies zuließ, zu einer Eindämmung der Krankheit kam. Insgesamt erkrankten rund 80 000 bis 100 000 Menschen im Warschauer Ghetto an Fleckfieber.

26. Was meinte die NS-Propaganda mit «Der ewige Jude»? Die Metapher vom «ewigen Juden» hat eine lange Geschichte, die ins frühe Mittelalter zurückreicht. Im germanischen Sprachraum erlangte sie größere Popularität vor allem als Geschichte von dem Schuster Ahasver, der Jesus auf seinem Kreuzweg die Rast versagte und dafür zu ewiger Wanderschaft verdammt worden sei. Diese zu einer Standardformel des Judenhasses und modernen Antisemitismus gewordene Wendung vom «ewigen Juden» griffen die Nationalsozialisten in ihrer Propaganda auf. Vor allem schlug sich dies in einer großen Ausstellung nieder, die ab 1937 unter dem Titel «Der ewige Jude» in zahlreichen Städten gezeigt wurde. Hinzu kam der gleichnamige Propagandafilm von 1940, der in der Rückschau von manchen als filmische Vorbereitung des Genozids an den Juden gedeutet wurde.

Die Vorstellung vom wurzellosen Juden, der überall Zwietracht säe, einen verderblichen Einfluss ausübe und seine «Wirtsvölker» materiell und moralisch aussauge, wurde in der Ausstellung in einem weiten historischen Bogen vor den Besuchern entfaltet. Diese Darstellung mündete in die Inszenierung des Triumphes des Nationalsozialismus über die Juden. Die Ausstellung, die sich aller antisemitischer Topoi bediente, war ein Publikumserfolg, an den der Film 1940 anknüpfen sollte. Für den Propagandastreifen zog der Regisseur Fritz Hippler Szenen antisemitischer Spielfilme ebenso heran wie eigens im besetzten Polen inszenierte Aufnahmen pseudodokumentarischen Charakters. Die Filmemacher bedienten die gleichen Vorurteile und setzten sie in drastischen Aufnahmen in Szene. So nutzten sie etwa die fast schon sprichwörtliche romantische Tierliebe der Deutschen, um mit Hilfe von inszenierten Schächtszenen antisemitische Stimmungen zu schüren. Auf Abscheu zielend bebilderten sie die Vorstellung vom «ewigen Juden» und luden sie mit einer Ungeziefer-Metaphorik auf: Die vermeintliche Wanderschaft der Juden wird auf einer animierten Weltkarte durch sich spinnennetzartig ausbreitende Linien gleichgesetzt mit der Ausbreitung der braunen Wanderratte. Die abstoßend und bedrohlich montierten Rattenaufnahmen kommentiert der Sprecher mit Blick auf die

Juden: «Wo Ratten auch auftauchen, tragen sie Vernichtung ins Land, zerstören die menschlichen Güter und Nahrungsmittel. Auf diese Weise verbreiten sie Krankheiten [...]. Sie sind hinterlistig, feige und grausam und treten meist in großen Scharen auf. Sie stellen unter den Tieren das Element der heimtückischen, unterirdischen Zerstörung dar, nicht anders als die Juden unter den Menschen.» Die plumpe und aufdringliche Machart des Films verfing Beobachtungen des Sicherheitsdienstes zufolge nicht so gut wie subtiler gefertigte antijüdische Spielfilme, etwa «Jud Süß». Überzeugte Anhänger und Judenhasser jedoch fühlten sich angesprochen und bestätigt.

Vernichtung

27. Wurden wirklich 6 Millionen Juden umgebracht? Eine genaue Zahl der jüdischen Opfer zu bestimmen, ist sehr schwierig, vor allem weil es den Tätern gelang, viele der hierfür wichtigen Dokumente zu vernichten. Nicht zuletzt deswegen lässt sich die Zahl der Opfer nicht genau beziffern. Angesichts des Umfangs und der grauenhaften Einzelheiten des Massenverbrechens mag man geneigt sein zu glauben, die Ermittlung einer genauen Zahl sei nicht so wichtig, oder man verspürt ein Unbehagen und empfindet die Suche nach exakten Daten als obszöne Leichenzählerei. In der Forschung aber ist es wichtig, die Dimension eines solchen historischen Ereignisses zu vermessen, zumal rechtsradikale und andere Holocaustleugner und -relativierer sich häufig genau auf diese Zahlen fokussieren und versuchen, sie durch mal mehr, mal weniger plumpe Taschenspielertricks in Zweifel zu ziehen. Sie wittern hier eine Chance, den ersten Dominostein zu Fall zu bringen und so letztlich die gesamte Geschichte des Holocaust als vermeintliche Legende abtun zu können.

Nach dem Krieg etablierte sich bald die Zahl von 6 Millionen Ermordeten. Adolf Eichmann, einer der zentralen Organisatoren des Holocaust, hatte sie vor Kriegsende kolportiert, und über den Nürnberger Hauptkriegsverbrecherprozess fand sie Verbreitung. Diese Angabe trifft die Dimension des Massenmords an den europäischen Juden recht genau, wie spätere systematische Forschungen zu dieser Frage ergeben haben. Demzufolge wurden im Laufe des Holocaust mindestens 5,29 Millionen und höchstens etwas über 6 Millionen Juden ermordet. Gut die Hälfte davon, 3 Millionen, ermordeten die Nationalsozialisten in den Vernichtungslagern. Die übrigen Opfer wurden von den Einsatzgruppen und verschiedensten Polizeieinheiten erschossen, man ließ sie in den Ghettos verhungern und an Krankheiten sterben oder sie kamen auf andere Weise ums Leben.

Neben den Bemühungen, möglichst valide Angaben zur Zahl der Ermordeten machen zu können, gibt es seit Längerem Bestrebungen, auch ihre Namen zu erheben, um deutlich zu machen, dass diese abstrakte hohe Zahl die Summe vieler einzelner ermordeter Menschen ist, die alle ihre ganz persönliche Geschichte haben. Die israelische Gedenkstätte Yad Vashem hat die Namen mit Hilfe vieler Menschen weltweit gesammelt und in einer Datenbank erfasst. Sie enthielt Ende 2020 die Namen von rund 4,5 Millionen Menschen, die im Rahmen des Holocaust ermordet wurden.

28. Was war Zyklon B? Zyklon B ist Blausäure, die von der Firma Deutsche Gesellschaft für Schädlingsbekämpfung (Degesch) produziert und vertrieben wurde. Es diente ursprünglich als Mittel im Einsatz gegen Ungeziefer, mit dessen Hilfe beispielsweise Kleidung desinfiziert wurde. Benutzt wurde es in geschlossenen Räumen oder Magazinen. Nachdem Lagerkommandant Rudolf Höß im Sommer 1941 von Heinrich Himmler den Befehl erhalten hatte, Auschwitz für den Mord vieler Menschen zu rüsten, begann man dort, in den Kellerräumen eines Häftlingsblocks mit der Vergasung von Menschen mittels Zyklon B zu experimentieren. Diesen Tötungsversuchen fielen überwiegend sowjetische Kriegsgefangene zum Opfer. Im Herbst 1941 baute man eine Leichenhalle zur Gaskammer um, in der ab Herbst 1941 sowjetische Kriegsgefangene und nach Auschwitz deportierte Juden ermordet wurden. Ab Frühjahr 1942 wurden schließlich Gaskammern im Lagerteil Birkenau errichtet, deren Mordkapazität Schritt für Schritt ausgebaut wurde. Auschwitz-Birkenau wurde so mit der Zeit zum Zentrum des Mordes an den Juden aus vielen Teilen vornehmlich West-, Mittel- und Südosteuropas.

Das Zyklon B, das, in Kieselerdeklümpchen gebunden, in Dosen lagerte, wurde von einem SS-Mann durch Öffnungen in der Decke der Gaskammern in die Räume geschüttet, in die man die Menschen gezwängt hatte. Ab einer Temperatur von rund 26 Grad Celsius, die durch die dichtgedrängte Menschenmenge rasch erreicht war, wird das Gas aus der Kieselerde freigesetzt und führte zum qualvollen Erstickungstod der Menschen in dem Raum, indem die Sauerstoffaufnahme im Blut blockiert wird. Insgesamt wurden in Auschwitz mindestens 25 Tonnen Zyklon B verbraucht. In den Vernichtungslagern Belzec, Sobibor und Treblinka ermordeten die SS-Männer die Juden in stationären Gaskammern mittels Abgasen, im Vernichtungslager Chelmno geschah dies in mobilen Gaswagen.

29. Wie funktionierten Gaswagen? Gaswagen dienten der Ermordung größerer Menschengruppen, indem diese in den luftdichten Laderaum eines Lastwagens zusammengepfercht wurden, in den Gas geleitet wurde, bis man alle Opfer tot glaubte. Gaswagen wurden zuerst vom sogenannten Sonderkommando Lange eingesetzt, einer SS-Sondereinheit unter SS-Obersturmführer und Kriminalrat Herbert Lange. Ab Dezember 1939 ermordete diese kleine Einheit aus 15 SS-Männern und 60 Schutzpolizisten im gerade besetzten West- und Nordwestpolen Patienten aus Heil- und Pflegeanstalten. Das tödliche Gas befand sich in Stahlflaschen an der Zugmaschine, aus denen es in den Laderaum geleitet wurde. Bis zu 70 Menschen wurden so auf einmal ermordet. Mindestens gut 5000 Menschen tötete Langes Kommando 1939/40 auf diese Weise.

Nach dem Überfall auf die Sowjetunion suchte man nach alternativen Tötungsmethoden zu den Massenerschießungen, wie sie die Einsatzgruppen der SS und des Sicherheitsdienstes durchführten. Das Kriminaltechnische Institut entwickelte die Mordtechnik weiter und konstruierte Fahrzeuge, in deren Laderäumen bis zu 100 Menschen ermordet werden konnten, indem die Abgase des laufenden Motors dorthingeleitet wurden. Damit entfiel der bisher notwendige Transport des tödlichen Gases in Stahlflaschen.

In den besetzten sowjetischen Gebieten, in Weißrussland, der Ukraine und den baltischen Ländern benutzten die dort tätigen Einsatzgruppen 15 solcher Gaswagen. Sie ermordeten überwiegend Juden, aber auch Sinti und Roma mittels dieser Spezialanfertigungen. Wie viele Menschen die SS-Männer und Polizisten in den Lastwagen qualvoll ersticken ließen, lässt sich nicht mit Gewissheit sagen, man geht jedoch von rund 500 000 Opfern aus.

Auch die im Lager Semlin im besetzten Serbien inhaftierten jüdischen Frauen und Kinder, deren Männer zuvor bereits ermordet worden waren, wurden mit Hilfe von Gaswagen getötet. Innerhalb weniger Wochen, von März bis Mai 1942, ermordeten die SS-Männer mit einem Gaswagen mehr als 5000 Menschen.

Am bekanntesten sind die Massenmorde mit Gaswagen in dem Vernichtungslager Kulmhof (Chelmno) nordwestlich von Lodz. Hier war das bereits mit den Wagen vertraute Sonderkommando Lange stationiert und richtete im Herbst/Winter 1941 das Lager ein, das kein Lager im eigentlichen Sinne war. Es bestand aus dem Schloss am Ortsrand, wo die Opfer ankamen. Hier mussten sie ihre Kleider ablegen, anschließend wurden sie durch das Gebäude in die Lastwagen getrieben, man verriegelte die Türen und der Fahrer startete den Wagen. Wenn man sicher sein konnte, dass die Menschen tot waren, fuhr der Wagen in das wenige Kilometer entfernte Waldlager, wo die Toten in Massengräbern verscharrt bzw. später verbrannt wurden. Mindestens 152 000 Menschen wurden so in zwei Phasen von Dezember 1941 bis März 1943 und von April 1944 bis Januar 1945 ermordet.

30. Die SS ermordete die Juden, die Wehrmacht kämpfte an der Front? Vor allem in der Bundesrepublik wurde nach dem Krieg lange und beharrlich an der Legende festgehalten, die Wehrmacht sei sauber geblieben, die Soldaten hätten einen normalen Krieg geführt, während die SS ohne Zutun der Armee hinter der Front die Verbrechen begangen habe. Auch wenn in der Forschung dieses Bild bereits seit den 1970er Jahren ins Wanken geriet, war es in der Öffentlichkeit bis in die 1990er Jahre verbreitet. Zu einem Wandel trug wesentlich die Ausstellung «Vernichtungskrieg. Verbrechen der Wehrmacht 1941 bis 1944» bei, die 1995 in Hamburg und bis 1999 in zahlreichen weiteren Städten gezeigt wurde. Die Ausstellungsmacher vom Hamburger Institut für Sozialforschung präsentierten darin auf breiter Quellenbasis die umfassende Beteiligung von Wehrmachtführung und etlichen Einheiten an Massenverbrechen wie der Ermordung der Juden, Kriegsverbrechen im Rahmen einer vermeintlichen Bekämpfung von Partisanen, Verbrechen an sowjetischen Kriegsgefangenen, die man verhungern ließ, oder der Erschießung kriegsgefangener politischer Kommissare und Juden aus der Roten Armee. Die Ausstellung sowie die im Zuge dessen präsentierten Forschungsergebnisse zeigten deutlich, dass die Wehrmacht nicht allein durch die kriegerische Expansion Rahmen und Möglichkeit für die Massenverbrechen schuf, sondern weit über Einzelfälle hinaus beteiligt am Holocaust war und überdies einen Vernichtungskrieg im Osten führte, der sich in erheblichem Maße gegen die Zivilbevölkerung richtete.

Die Ausstellung führte der deutschen Öffentlichkeit, vor allem auch durch zahlreiche großaufgemachte Bildquellen, vor Augen, dass der lange Zeit am Leben gehaltene Mythos von der «sauberen Wehrmacht» ins Reich der Legenden gehört. Dagegen liefen Konservative wie der CSU-Politiker Peter Gauweiler, aber auch Neonazis Sturm; zahlreiche Männer der Erlebnisgeneration verwahrten sich gegen einen vermeintlichen Kollektivschuldvorwurf. Es kam zu Aufmärschen von Rechtsradikalen, im März 1999 in Saarbrücken gar zu einem Sprengstoffanschlag auf die Ausstellung. Abseits gewaltgeladener und neonazistischer Proteste führte das Ausstellungsprojekt wie kein anderes zuvor in der Geschichte der Bundesrepublik in allen Städten, in denen sie gezeigt wurde, zu lebhaften Diskussionen über die Inhalte. Im März 1997 debattierte gar der Deutsche Bundestag ausführlich und mit sehr persönlichen Redebeiträgen über die Wehrmachtausstellung.

Handwerkliche Mängel in der Zuordnung einzelner Fotos führten schließlich dazu, dass die Ausstellung Ende 1999 geschlossen und einer umfassenden Neubearbeitung unterzogen wurde. Einige Fotos zeigten Verbrechen und Opfer des sowjetischen Geheimdienstes NKWD. Die neu konzipierte und bearbeitete Ausstellung wurde von 2001 bis 2004 gezeigt. Sie bestätigte in allen wesentlichen Punkten die alte Wehrmachtausstellung, erreichte aber mit rund 450 000 Besucherinnen und Besuchern nurmehr halb so viele Menschen.

31. Was war eine «Aktion»? Dem Wort «Aktion» fügten die Nationalsozialisten eine neue Bedeutung hinzu. Sie bezeichneten damit bereits ab 1933 das gewaltvolle Vorgehen gegen Gegner, etwa konzertierte Verhaftungen gegen Bettler und Obdachlose im Herbst 1933, die sogenannte Juni-Aktion 1938, in deren Zuge tausende Juden verhaftet wurden, oder die «Aktion Arbeitsscheu» 1938, die sich in erster Linie gegen Sinti und Roma richtete. Nach Kriegsbeginn und mit dem Einsetzen der großen Massenverbrechen verband sich mit dem Begriff meist ein Massenmord, zum Beispiel die «Aktion T4» oder die «Aktion 14f13», die sich beide auf die Ermordung Behinderter und Kranker bezogen.

Auch bei der Ermordung der Juden spielt der Begriff eine große Rolle. Den Massenmord an mehr als 1,5 Millionen Juden aus Polen, der Slowakei, den Niederlanden und anderen Ländern in den Vernichtungslagern Belzec, Sobibor und Treblinka beispielsweise bezeichnete man als «Aktion Reinhardt». Vielfach verwendet wurde der Begriff im besetzten Polen, von Tätern wie von Opfern, für jede einzelne Deportation aus einem Ghetto oder einem Ort. Eine solche «Aktion» verlief meist nach dem gleichen Schema: In Zusammenarbeit mit örtlichen Polizeikräften trieb ein SS-Kommando den Großteil der Menschen zu einem Deportationszug, der sie ins Vernichtungslager brachte, wo sie getötet wurden. Zuvor griff man Kranke und Transportunfähige, vornehmlich alte Menschen, heraus und ermordete diese vor Ort auf dem jüdischen Friedhof oder in der Umgegend in einem Wald. Begleitet war dies von der Ausplünderung der Menschen.

32. Warum nannten die Täter die Ermordung der Juden «Sonderbehandlung»? Die NS-Täter waren sich des verbrecherischen Charakters ihrer Taten durchaus bewusst. Daher, und zur Täuschung ihrer Opfer, benutzten sie zahlreiche Tarnbegriffe, vor allem in der internen schriftlichen Kommunikation. «Sonderbehandlung» gehört zu diesen «unschuldigen Wörtern», wie der Holocaustüberlebende Nachman Blumental seine Sammlung solcher Wendungen betitelte. Mit dem Begriff ist die Ermordung von einzelnen oder Gruppen von Menschen gemeint, die als politische oder als «rassische» Gegner angesehen wurden, hierzu gehörten vor allem Juden sowie Sinti und Roma, aber auch andere Verfolgtengruppen wie sogenannte Asoziale,

Behinderte, sowjetische Kriegsgefangene und andere mehr. Vor allem im Machtbereich von Gestapo und SS war der Begriff verbreitet, etwa in der Verbrämung von Morden in den Konzentrationslagern oder im Schriftverkehr zwischen den mobilen Mordkommandos und dem Reichssicherheitshauptamt in Berlin, in dem zudem häufiger das Kürzel S. B. gebraucht wurde. Neben «Sonderbehandlung» als sprachliche Verschleierung des Massenmords sprachen die Täter auch von «Evakuierung», «Umsiedlung», «durchschleusen» und Ähnlichem.

33. Was meinten die Nationalsozialisten mit «Endlösung der Judenfrage»? «Endlösung der Judenfrage» ist ein typischer Begriff der Lingua tertii imperii, der Sprache des Dritten Reiches, wie Victor Klemperer sie nannte, die verschleierte und etwas anderes vorgab, als tatsächlich dahinterstand. Bekannt ist die Wendung heute vor allem als Tarnbegriff für die Ermordung der europäischen Juden. Nach dem Krieg wurde sie in vielen Sprachen als Bezeichnung für den Holocaust benutzt, bis sich später die Begriffe Holocaust oder Shoah durchsetzten. Während der NS-Herrschaft bedeutete «Endlösung» bzw. «Lösung der Judenfrage» aber nicht zu jedem Zeitpunkt dasselbe und meinte nicht von Anfang an die Ermordung der Juden. Diese Bedeutung hatte der Ausdruck erst ab dem Frühsommer 1941. Davor war unter die «Lösung der Judenfrage» die schrittweise Ausgrenzung, Entrechtung und Vertreibung der Juden gefasst worden. Dabei wurde die Phrase in verschiedenen Varianten gebraucht (Gesamtlösung, umfassende Lösung u. ä.), bis schließlich von einer «Endlösung» die Rede war. Dahinter verbarg sich in den Jahren 1939/40 allerdings meist die Vorstellung, die Juden aus weiten Teilen des deutschen Herrschaftsgebiets zu vertreiben und sie in einem bestimmten Territorium zu konzentrieren. Die Insel Madagaskar oder der Südosten des besetzten Polen waren hierfür zeitweise im Gespräch. Diese wahnwitzigen Gedankenspiele waren Totgeburten einer sich radikalisierenden antisemitischen Planungselite und wurden bald schon abgelöst von einer extremeren Planungsperspektive, der «Endlösung» im Sinne des Genozids. Die Nationalsozialisten hielten an dieser Tarnterminologie im internen Schriftverkehr der Mordverwaltung fest, obwohl die Beteiligten eingeweiht waren. Im direkten Gespräch, vor allem auch in den lokalen gewaltgeladenen Milieus an den Orten, an denen die Verbrechen begangen wurden, nahmen die Mörder kaum ein Blatt vor den Mund.

34. Was war ein Sonderkommando? Sonderkommandos gab es in verschiedenen Kontexten des Holocaust. Zum einen bezeichnete die SS bestimmte Einheiten, die an der Ermordung der Juden und der Verwischung von Tatspuren beteiligt waren, als Sonderkommando. Solche Einheiten waren zum Beispiel das Sonder- oder Einsatzkommando Lange, eine Einheit aus SS-Männern und Polizisten, die zunächst Anstaltsinsassen im besetzten Polen ermordete und ab Winter 1941/42 die Morde im Vernichtungslager Kulmhof (Chelmno) durchführte. Überdies hießen kleinere Unterverbände der Einsatzgruppen, der mobilen Mordkommandos der Sicherheitspolizei und des Sicherheitsdienstes, Sonderkommando.

Unter diesem Namen firmierte aber auch ein besonders furchtbares Arbeitskommando von Häftlingen in Auschwitz-Birkenau, das ab April 1942 existierte. Die Gefangenen des Sonderkommandos mussten im Bereich der Gaskammern arbeiten sowie die Habe der Ermordeten sortieren. Sie waren vom Rest der Häftlinge vollkommen isoliert. Unter Aufsicht der SS mussten die Häftlinge, es waren fast ausschließlich Juden und nur Männer, all die Etappen des Mordprozesses übernehmen, die einen direkten Kontakt zu den Opfern erforderlich machten: Sie holten die Leichen aus den Gaskammern, untersuchten sie auf Goldzähne und entfernten diese gegebenenfalls, sie schnitten die Haare der Opfer ab, schafften die Toten zu den Krematoriumsöfen, die andere aus dem Sonderkommando bedienten. Überdies mussten sie die Gaskammern reinigen und die Asche der Verbrannten fortschaffen. Bevor man dazu überging, die Leichen zu verbrennen, mussten die Männer des Sonderkommandos zudem Massengräber ausheben.

Die Gefangenen des Sonderkommandos wurden von Zeit zu Zeit ermordet, das erste Mal Anfang Dezember 1942. Dabei ging es der SS darum, etwaigem Widerstand vorzubeugen und keine Zeugen des Massenmords zu haben. In der Hochphase des Mordbetriebs in Birkenau, während die ungarischen Juden im Mai und Juni 1944 dorthin deportiert wurden, gehörten rund 900 Männer dem Sonderkommando an.

Den Angehörigen des Sonderkommandos war es 1944 bewusst, dass wahrscheinlich auch sie ermordet werden würden. Etliche Mitglieder begannen daher, Buch zu führen über den Mordprozess, um der Nachwelt Zahlen und Fakten zu hinterlassen. Vor allem aber schrieben sie bewegende Zeugnisse, in denen sie ihre eigene Geschichte schilderten und ihren seelischen Zwiespalt reflektierten, wurde ihnen doch mit Zwang und Gewalt eine furchtbare Rolle im Holocaust zugewiesen, die der Auschwitz-Überlebende Primo Levi als Teil einer sogenannten Grauzone beschrieb. Ihre Schriften vergruben Männer wie Salmen Gradowski «zur Erinnerung für die künftige Friedenswelt [...], die wissen soll, was hier geschehen ist», wie er am 6. September 1944 schrieb. Nach dem Krieg wurden viele davon geborgen und bis in die jüngste Zeit rekonstruiert und entziffert. Inzwischen liegen Gradowskis Texte und die der anderen auch auf Deutsch vor. Überdies konnten sie heimlich wenige Fotos von der Verbrennung der Leichen anfertigen.

Die Häftlinge des Sonderkommandos wollten jedoch nicht nur in ihren Texten überdauern, sondern suchten nach Wegen, sich der SS zu widersetzen und zu fliehen. Ab Ende 1943 bereiteten sie einen Aufstand vor, den sie, unter anderem in Rücksprache mit dem übrigen Lagerwiderstand, immer wieder verschoben. Da nach der Ermordung der ungarischen Juden weniger Transporte mit neuen Opfern nach Auschwitz kamen, wurde das Sonderkommando im September 1944 verkleinert. Die SS ermordete 200 der Männer kurzerhand. Als wenig später weitere Männer ermordet werden sollten, schritten diese am 7. Oktober zur Gegenwehr: Sie konnten drei SS-Männer töten, eines der Krematorien in Brand setzen und einen Massenausbruch starten. Die Flucht scheiterte aber nach wenigen Kilometern und endete mit der Ermordung der Geflohenen. Bis zur Räumung des Lagers existierte ein Sonderkommando mit zunächst 200, schließlich nur noch 100 Angehörigen weiter. Diese konnten sich der geplanten Ermordung entziehen und sich unter die Häftlinge mischen, die in den sogenannten Todesmärschen weiter nach Westen getrieben wurden.

Rund 100 Angehörige des Sonderkommandos konnten so überleben. Viele schwiegen lange oder für immer. Andere sahen sich dem Vorwurf ausgesetzt, des eigenen Überlebens wegen mitschuldig am Tod vieler Menschen geworden zu sein. Einige der überlebenden ehemaligen Häftlinge des Sonderkommandos brachen später ihr Schweigen und legten Zeugnis ab. In ihren Berichten wird deutlich, dass sie Opfer wie die anderen Insassen von Auschwitz waren, sie aber mit einer ungleich schwierigeren Erinnerungslast leben mussten. «Ich trage dieses Leichenverbrennen, dieses Zähneziehen tagtäglich in mir. Ich laufe mit den Bildern im Kopf herum, auch wenn ich schlafe, tanze oder singe», berichtete Henryk Mandelbaum, ein Überlebender des Sonderkommandos, Jahrzehnte nach seiner Befreiung.

35. Was hatte Kanada mit Auschwitz zu tun? «Kanada» ist einer der vielen Ausdrücke aus der Lagersprache, die in Auschwitz und den anderen Konzentrations- und Vernichtungslagern mit der Zeit entwickelt wurde, unter anderem um neuartige Phänomene zu beschreiben. Als Kanada bezeichneten die Häftlinge in Auschwitz-Birkenau den Lagerabschnitt, in dem die Habe der ermordeten Juden gesammelt und sortiert wurde, bevor man die Sachen schließlich abtransportierte.

Zunächst befand sich Kanada außerhalb des Lagers. Im Sommer 1942 errichtete man auf dem Hof einer Fabrik, die zwischen dem Stammlager und Birkenau lag, einige Holzbaracken. In dem umzäunten Gelände nahm sich ein Häftlingskommando des Hab und Guts der Opfer an. Ende 1943 entstand Kanada II innerhalb Birkenaus. Es umfasste 30 Baracken und lag zwischen den Gaskammern und dem Lagerabschnitt für Sinti und Roma. Zu Hochzeiten des Mordprozesses, während der Ermordung der ungarischen Juden sowie darauffolgend der noch lebenden 70 000 Juden aus dem Ghetto Lodz, arbeiteten bis zu 2000 Häftlinge, Männer und Frauen, in Kanada.

Die Arbeit im Kanada-Abschnitt bot den dort arbeitenden Männern und Frauen die Möglichkeit, an Gegenstände zu kommen, mit denen sich auf dem lagerinternen Schwarzmarkt handeln ließ, oder sich mit zusätzlichen Lebensmitteln zu versorgen. Dies geschah freilich unter Lebensgefahr, da es Häftlingen strengstens untersagt war, davon zu nehmen. Überdies eröffneten sich dem Lagerwiderstand hier Möglichkeiten, durch Bestechung von SS-Leuten an Dinge und Informationen zu kommen. Rudolf Vrba, der als junger Mann aus der Slowakei nach Auschwitz deportiert worden war, arbeitete in Kanada. Hier konnte er sich durch die unmittelbare Nähe zum Gaskammerbereich und durch die in Kanada leichteren Kontaktmöglichkeiten zu Mitgliedern des Lagerwiderstands ein umfassendes Bild vom Charakter und der Dimension der Massenverbrechen in Auschwitz machen. Er wagte mit Alfred Wetzlar zusammen im April 1944 die Flucht, um vor allem die ungarischen Juden vor ihrer bevorstehenden Deportation und ihrem sicheren Tod zu warnen.

Die Bezeichnung Kanada gab es auch in anderen Lagern. Im Vernichtungslager Treblinka zum Beispiel nannten die sogenannten Arbeitsjuden so den Bereich, in dem die Wertsachen, die Kleidung und das Gepäck der ermordeten Menschen aufbewahrt und sortiert wurden.

36. Inwiefern entschied oft eine bloße Handbewegung über Leben oder Sterben? Viele Opfer wurden vor der Ermordung einer sogenannten Selektion unterzogen. Ranghöhere SS-Männer, SS-Ärzte, Polizisten oder Besatzungsfunktionäre teilten dabei oft per Handzeichen die Menschen in zwei Gruppen – eine mit Menschen, die vorläufig verschont, und eine zweite mit Menschen, die sofort ermordet werden sollten. Selektionen fanden beispielsweise unmittelbar vor der Deportation von Juden aus Orten im besetzten Polen statt. Bevor die Menge zum Deportationszug getrieben wurde, sonderte man Alte und Kranke aus; diese erschossen die SS-Männer und Polizisten vor Ort. Vor allem jedoch wurde und wird der Begriff mit Konzentrationslagern, meist mit Auschwitz-Birkenau, in Verbindung gebracht. Die SS führte zum einen Selektionen der ankommenden Menschen, aber auch immer wieder Selektionen der bereits länger im Lager lebenden Häftlinge durch.

Bei Ankunft neuer Häftlingstransporte in Auschwitz fand ab Mitte 1942 eine Selektion noch vor der Aufnahme ins Lager statt. Der Zug mit den Menschen aus aller Herren Länder wurde auf ein Gleis, das sich zwischen dem Stammlager Auschwitz und Birkenau befand, geleitet. Dort standen SS-Männer entlang der sogenannten Judenrampe bereit und öffneten die Waggontüren. Sie trieben, manchmal auch mit Gebrüll und Gewalt, die Angekommenen zum Aussteigen an. Die wenigen Dinge, die sie hatten mitnehmen können, mussten sie im Zug zurücklassen. Mitunter richtete ein SS-Führer eine zynische beruhigende Rede an die Menge und versprach ihr, dass bereits eine wärmende Suppe auf sie warte, sie müssten zuvor allerdings «entlaust» werden. Nun nahmen SS-Ärzte die eigentliche Selektion vor, indem die Menschen an ihnen vorbeigingen und die Ärzte per Fingerzeig augenscheinlich Kranke und Arbeitsunfähige sowie Kinder und andere auf die eine Seite wiesen, während die Übrigen zu Fuß zum Lager geführt wurden. Alsdann brachten Lastwagen die ausgesonderten Menschen zu den Gaskammern, wo sie ermordet wurden.

Im Frühjahr 1944 begann man mit dem Bau einer neuen Rampe, die sich im Lager Birkenau befand. Die Gleise führte man durch das Haupttor zwischen das Frauen- und das Männerlager. Ab Mai 1944 kamen hier die ungarischen Juden an, von denen der Großteil nach der Selektion von der Rampe zu Fuß zu den in der Nähe des Schienenendes befindlichen Gaskammern geführt wurde. Von der Ankunft und Selektion der ungarischen Juden existieren Fotoserien, die von der SS angefertigt wurden. Sie sind durch glückliche Zufälle überliefert und heute als das Album der Lilly Jacob bekannt. Lilly Jacob, die bereits Häftling in Auschwitz gewesen war, hatte es im KZ Mittelbau-Dora nach ihrer Befreiung gefunden.

Auch innerhalb des Lagers, wie auch in anderen Lagern, fanden in unregelmäßigen Abständen Selektionen statt. Vor allem die Häftlinge im Häftlingskrankenbau wurden immer wieder selektiert, um Platz für neue Gefangene zu schaffen. Die Kranken mussten hierfür den Arzt passieren, der per Augenschein die Todesopfer auswählte, deren Krankenblätter er zur Seite legte. Pfleger töteten diese Menschen durch Phenolspritzen ins Herz, was sie zynisch als «abspritzen» bezeichneten. Abseits des Krankenbaus führte die SS von Zeit zu Zeit auch Selektionen im Zuge von Generalappellen durch. Dies ist auch aus anderen Lagern wie dem Zwangsarbeitslager Plaszow und anderen überliefert.

Auch im Rahmen der Morde an unheilbar Kranken, der sogenannten Euthanasie, gab es Selektionen. Hier geschah dies jedoch häufig, ohne überhaupt einen Blick auf die Opfer zu werfen. Ein kleiner Kreis sogenannter Gutachter führte sie in einem bürokratisierten Verfahren durch. Die Heil- und Pflegeanstalten sandten Patientenbögen an die Berliner Mordzentrale. Die «Gutachter» sahen diese Bögen oberflächlich durch und markierten die Bögen der zu tötenden Menschen mit einem Kreuz. Diese Patientinnen und Patienten wurden dann mit Bussen abgeholt und in eine der sechs Anstalten gebracht, die Tötungszentren dieser Mordaktion waren. Bis zum Sommer 1941 ermordete man rund 70 000 Menschen auf diese Weise.

Im Rahmen der sogenannten Aktion 14f13 unterzogen Euthanasie-Ärzte arbeitsunfähige oder missliebige KZ-Häftlinge einer oberflächlichen Selektion und wählten dabei tausende Menschen aus, die bald darauf in eine Mordanstalt gebracht und dort getötet wurden. Zwischen 10 000 und 20 000 Opfer wurden auf diese Weise ermordet.

37. Was war der Umschlagplatz? Der Umschlagplatz war ein Teil des Danziger Bahnhofs am Rande des Warschauer Ghettos. Bis zur Deportation der Warschauer Juden war er der Ort, an dem offiziell Waren und Güter zwischen dem Ghetto und der Außenwelt ausgetauscht wurden. Hier hatte die Transferstelle ihren Sitz, eine deutsche Behörde mit rund 120 Mitarbeitern, die für die Überwachung des Personen- und Warenverkehrs zuständig war.

Von diesem Güterbahnhof fuhren im Sommer 1942 die Züge ab, mit denen die Nationalsozialisten die Menschen in das Vernichtungslager Treblinka deportierten. Innerhalb weniger Wochen – vom

22. Juli bis zum 19. August sowie vom 6. bis 11. September – verschleppten sie so 254 000 bis 300 000 Menschen aus dem bis dahin größten Ghetto nach Treblinka, das gut 90 Kilometer nordöstlich von Warschau liegt. Dort ermordeten die SS-Männer und ihre Helfer fast alle ankommenden Männer, Frauen und Kinder unmittelbar nach ihrer Ankunft in den Gaskammern. Nur wenige kräftige Männer wählten sie aus manchen Transporten als sogenannte Arbeitsjuden aus. Diese mussten die Habe der Ermordeten sortieren, die Leichen aus den Gaskammern zerren und sie verbrennen und anderes mehr.

Der Platz war von einer Mauer, die noch aus der Vorkriegszeit stammte, umgeben und über zwei Tore, eines von der Stawki-Straße, das andere von der Dzika-Straße, zugänglich. Innen befand sich ein Hof, an dessen Rand ein Seuchenkrankenhaus war. Dort mussten die zusammengetriebenen Menschen mit ihren Bündeln warten, bis sie zu den Waggons gedrängt wurden. Stacheldraht ringsum und bewaffnete Wachposten der SS standen einer Flucht im Wege. Auch Angehörige des Jüdischen Ordnungsdienstes, einer Art Ghettopolizei, bewachten die Menschen und eskortierten sie zu den Waggons. Dennoch gelang manchen die Flucht vom Umschlagplatz, indem sie sich in irgendeiner Ecke oder unter Bündeln verbargen und im Schutze der Dunkelheit das Gelände verließen. Manchen konnten Angehörige des Widerstands von dort wegbringen. Adina Blady-Szwajgier, deren Kinderkrankenhaus an den Umschlagplatz verlegt worden war, konnte zum Beispiel manche Kinder von dort retten, indem sie einen ukrainischen Wachmann mit Wodka versorgte.

Von Januar bis Mai 1943 wurden erneut tausende Menschen vom Umschlagplatz nach Treblinka und nach Majdanek deportiert. Anschließend wurde das Ghetto im Zuge der Niederschlagung des Ghettoaufstands dem Erdboden gleichgemacht. Seit 1988 erinnert auf dem ehemaligen Gelände des Umschlagplatzes an der ulica Stawki ein Denkmal an die deportierten Menschen.

38. Was war die «Aktion Reinhardt» und woher hatte sie ihren Namen? Hinter der Tarnbezeichnung «Aktion Reinhardt» (auch die Schreibweise «Reinhard» ist überliefert) verbarg sich eines der größten Massenverbrechen der Nationalsozialisten – die Ermordung von circa 1,75 Millionen Juden in den Vernichtungslagern Belzec, Sobibor und Treblinka, die sich an der Ostgrenze des besetzten Polen befanden. Unter den Opfern waren weit überwiegend polnische Juden, aber auch aus den Niederlanden oder der Slowakei deportierte man Menschen in eines dieser Lager und ermordete sie dort.

Zur Herkunft des Tarnnamens gibt es zwei Theorien. Eine besagt, er gehe auf Fritz Reinhardt zurück. Er war Staatssekretär im Reichsfinanzministerium, wo er unter anderem das Reinhardt-Programm leitete, das die Wirtschaft stärken sollte. Von diesen Mitteln profitierte auch die SS in Lublin. Die andere Deutung, die dem Verfasser sehr viel wahrscheinlicher scheint, führt den Namen auf Reinhard Heydrich zurück, den Chef des Reichssicherheitshauptamts, der Anfang Juni 1942 im besetzten Tschechien einem Anschlag zum Opfer gefallen war.

Die Leitung dieses Mordprogramms hatte Odilo Globocnik von Himmler übertragen bekommen. Globocnik stammte aus Österreich und war SS- und Polizeiführer im Distrikt Lublin. Zu seinem Stab gehörte eine höhere Zahl von österreichischen SS-Männern. In den drei Lagern waren insgesamt ungefähr 120 Männer eingesetzt, von denen fast alle bereits zuvor Erfahrungen mit einem Massenmord gesammelt hatten. Sie hatten maßgeblich an den als «Aktion T4» getarnten Euthanasiemorden mitgewirkt und wurden anschließend in die ab Herbst 1941 errichteten und nach und nach ab März 1942 in Betrieb gegangenen Vernichtungslager versetzt. Neben den SS-Männern verrichteten sogenannte Trawniki-Männer dort ihren Dienst. Das waren mitunter unter Zwang rekrutierte ukrainische, weißrussische, russische oder baltische Hilfskräfte.

Ursprünglich sollte die «Aktion Reinhardt» bis Ende 1942 abgeschlossen sein, tatsächlich jedoch wurde noch bis in den Oktober 1943 gemordet. Sukzessive wurden die Lager geschleift und die Gelände mit einer Tarnung versehen. In Belzec war der Mordbetrieb im Dezember 1942 eingestellt worden, anschließend verbrannte man noch die Leichen, was sich bis in den März 1943 zog. Danach ließ die SS das Lager niederreißen und vernichtete die Dokumente, das Terrain wurde mit Bäumen bepflanzt. In Treblinka und Sobibor lief dies ähnlich ab. Zuvor waren dort aber Aufstände ausgebrochen, verbunden mit einer Massenflucht von Juden, die dort hatten arbeiten müssen. So wurde in Treblinka nach dem Aufstand vom 2. August 1943 mit dem Abbau begonnen, in Sobibor nach der Erhebung am 14. Oktober 1943.

Die verlassenen Gelände der Vernichtungslager zogen nach dem Krieg zahlreiche «Goldgräber» an, die den Boden auf der Suche nach Wertsachen umgruben und das Gebiet, wie die Überlebende Rachel Auerbach in Treblinka erschüttert feststellen musste, in «das polnische Klondike» verwandelten. Erst viele Jahre später bekamen die polnischen Behörden das Problem in den Griff bzw. ließen die Friedhofsschänder und Leichenfledderer wegen schwindender Erfolgsaussichten davon ab. Inzwischen gibt es an den ehemaligen Lagerstandorten Gedenkstätten, die in den vergangenen Jahren neu konzipiert worden sind.

39. Was sind Vernichtungslager? Unmittelbar nach der «Machtergreifung» 1933 begannen SA, SS, die Gestapo, aber auch die Justiz mit der Errichtung von Lagern und Haftstätten, in die politische Gegner zu Tausenden gesperrt wurden. Daneben gab es eine Vielzahl an Lagern im System des Nationalsozialismus. Auch wenn in manchen dieser Lager die Todesrate der Gefangenen sehr hoch war und etliche daher in zeitgenössischen Erinnerungen und Berichten im Exil oder der Nachkriegszeit als Todes- oder Vernichtungslager tituliert wurden, handelt es sich bei den eigentlichen Vernichtungslagern um einen fundamental anderen Lagertyp: Die ankommenden Menschen wurden dort innerhalb weniger Stunden ermordet, möglichst reibungslos und effektiv.

Das erste Vernichtungslager befand sich circa 60 Kilometer nordöstlich von Lodz, das die Deutschen ab April 1940 Litzmannstadt nannten, in Kulmhof (Chelmno). Das Lager bestand aus zwei Teilen: einem Schloss am Ortsrand, wohin die Menschen gebracht wurden, wo sie sich auskleiden und ihre Wertsachen abgeben mussten, bevor sie in einen mobilen Gaswagen getrieben wurden. In den Laderaum wurden die Abgase geleitet, so dass die Menschen qualvoll erstickten. Der Wagen fuhr zum wenige Kilometer entfernten Waldlager, wo die Leichen zunächst in Massengräbern verscharrt, später jedoch verbrannt wurden. In Kulmhof ermordeten die Männer des Sonderkommandos Lange ab Dezember 1941 vor allem Juden aus dem sogenannten Warthegau, dem annektierten westpolnischen Gebiet.

Im Osten des sogenannten Generalgouvernements, dem nicht annektierten Teil des besetzten Polen, errichtete die SS ab Herbst 1941 nach und nach die drei Vernichtungslager Belzec, Sobibor und Treblinka. Dort ermordeten sie mit Hilfe sogenannter Trawnikis, nichtdeutscher Hilfskräfte aus dem Baltikum, der Ukraine, Russland etc., ab März 1942 insgesamt etwa 1,75 Millionen Menschen – vor allem polnische Juden, aber auch Juden aus den Niederlanden, der Slowakei und anderen besetzten oder verbündeten Ländern. Diese Lager lagen logistisch günstig an geeigneten Bahnstrecken, überdies waren sie abgelegen. Dennoch verbreitete sich das Wissen vom dortigen Massenmord sehr bald im gesamten besetzten Polen und darüber hinaus.

Im Unterschied zu Kulmhof ermordeten die Täter ihre Opfer hier in stationären Gaskammern, in die die Abgase von Panzermotoren geleitet wurden. Der Mordprozess folgte einem festen Schema: Der Zug, oder bei besonders langen ein Teil davon, wurde in das Lager gefahren, die Menschen aus den Waggons getrieben. Mal wurden sie mit beruhigenden Ansprachen begrüßt, oft jedoch mit brutaler Gewalt, wie Chil Rajchman, dem später die Flucht glückte, schilderte: «Von überall her regnet es Schläge. Die Mörder jagen uns in Reihen in einen Hof hinein.» Dort mussten sie sich, nach Geschlechtern getrennt, entkleiden und ihre Wertsachen abgeben. Anschließend trieb man sie über einen stacheldrahtgesäumten Weg, den «Schlauch», in einen abgetrennten Bereich, wo sich die als Duschräume getarnten Gaskammern befanden. Nach der Ermordung in der Gaskammer mussten jüdische Gefangene die Leichen herausholen und auf Goldzähne sowie Wertsachen untersuchen. Anschließend wurden die Toten in ein Massengrab geworfen, später direkt in einer Grube verbrannt. Während des Mordprozesses sortierten andere Arbeitshäftlinge das zurückgelassene Hab und Gut der Opfer. Die Kleidung bekamen, wenn sie noch brauchbar war, zum Beispiel volksdeutsche Siedler; das Zahngold wurde bei der Reichsbank eingeschmolzen und verwertet.

Die sogenannten Arbeitsjuden, die in den Vernichtungslagern arbeiten mussten, hatte die SS aus den Transporten ausgewählt. Die wenigen hundert Personen lebten in einem abgetrennten Lagerbereich. Nach einiger Zeit wurden die meisten ebenfalls ermordet und durch neu eintreffende Juden ersetzt.

Eine besondere Form eines Vernichtungslagers waren die Lager Auschwitz-Birkenau und Majdanek, das unmittelbar vor den Toren der Stadt Lublin lag. Sie werden meist als Konzentrations- und Vernichtungslager bezeichnet. Zum einen waren sie ursprünglich als Konzentrationslager vor allem für polnische politische Gefangene gegründet worden, zum anderen nahmen sie, anders als die anderen Vernichtungslager, auch während der Phase des systematischen Massenmords, einen Teil der ankommenden Menschen als Häftlinge auf.

In Auschwitz steht das im Juni 1940 gegründete sogenannte Stammlager für das Konzentrationslager, während das im Sommer 1941 errichtete Lager Birkenau, auch bekannt als Auschwitz II, für das Vernichtungslager steht. Hier befanden sich nach einer Übergangsphase die Gaskammern sowie die Krematorien, in denen die Leichen der Ermordeten verbrannt wurden. Auch das Hab und Gut der deportierten Menschen wurde in Birkenau sortiert. In Auschwitz-Birkenau hatten die Täter unter Leitung des Kommandanten Rudolf Höß nach Experimenten entschieden, die Juden mit dem Giftgas Zyklon B zu ermorden. Dies erwies sich als erheblich zweckmäßiger und effektiver für das durchrationalisierte Massenverbrechen als die Abgase störanfälliger Motoren oder gar als Erschießungen.

Auf letztere griffen SS- und Polizeikräfte an anderen Mordstätten zurück, die lokalen Vernichtungslagern ähnelten. In Ponary in der Nähe Wilnas zum Beispiel ermordeten SS und Polizei mit tatkräftiger Unterstützung litauischer Kräfte mindestens 70 000 Juden aus Wilna und der Region in Gruben, die unter sowjetischer Herrschaft für Heizöltanks angelegt worden waren. Die Opfer wurden zu Fuß, mit Lastwagen oder der Bahn zum Ort des Massenmords gebracht. Oft mussten sich die Menschen auf die Körper der kurz vor ihnen Erschossenen stellen und wurden dann selbst ermordet, wie Kazimierz Sakowicz, ein in der Nähe lebender polnischer Journalist, in seinem Tagebuch berichtet. Die Leichen warf man in Massengräber, später wurden sie exhumiert und verbrannt. Einen ähnlichen Charakter hatte Maly Trostinez im Reichskommissariat Ostland, heute Weißrussland. Hierhin wurden Juden aus Minsk, aber auch aus dem Deutschen Reich, dem Protektorat Böhmen und Mähren, den Niederlanden u. a. deportiert und anschließend erschossen, insgesamt schätzt man die Zahl der Opfer auf 65 000 Menschen.

40. Warum hat man die Vernichtungslager im besetzten Polen errichtet? Eine zur bemüht subtilen Relativierung deutscher Schuld und Verantwortung am Holocaust angeführte Legende ist die Aussage, die Nationalsozialisten hätten die Vernichtungslager auf polnischem Boden errichtet, weil dort Antisemitismus sehr verbreitet gewesen sei. Für diese Annahme gibt es keine historischen Belege.

Die Vernichtungslager Belzec, Sobibor und Treblinka wurden sukzessive ab Herbst 1941 im heutigen Ost- und Nordostpolen, dem damaligen Generalgouvernement, errichtet. Ab März 1942 deportierten die deutschen Besatzer systematisch vor allem Juden aus dem besetzten Polen dorthin und ermordeten sie, was ein ausschlaggebender Grund für die Ortswahl war. Im Laufe der Zeit weiteten sie den Kreis der Opfer aus und verschleppten Juden aus der Slowakei, den Niederlanden und anderen besetzten Ländern in diese Todeslager. Der Massenmord ließe sich dort, so die trügerische Hoffnung der Täter, besser vor der Weltöffentlichkeit verbergen.

Das Vernichtungslager Kulmhof (Chelmno) befand sich seit der Besetzung der Region auf reichsdeutschem Gebiet. Hier wurden in erster Linie die Juden aus Lodz/Litzmannstadt und der gesamten Region ermordet, daher wählte man einen Standort in der Nähe aus. Auch das Konzentrations- und Vernichtungslager Auschwitz befand sich auf Reichsgebiet. Bei der Standortwahl spielte die vorhandene

Infrastruktur einer ehemaligen Kaserne sowie die günstige Verkehrsanbindung per Bahn eine ausschlaggebende Rolle. Ab 1942 entwickelte sich Auschwitz-Birkenau zum Zentrum des Massenmordes an den europäischen Juden. Dorthin wurden Juden aus zahlreichen besetzten bzw. verbündeten Ländern deportiert und überwiegend unmittelbar nach ihrer Ankunft ermordet.

Außer den Vernichtungslagern auf besetztem polnischem Territorium gab es weitere Vernichtungsstätten in anderen besetzten Ländern, etwa in Ponary in der Nähe Wilnas oder in Maly Trostinez in Weißrussland. Ein örtlich eventuell stark verbreiteter Antisemitismus hat bei keinem dieser Orte des Massenmords eine erkennbare Rolle bei der Standortwahl gespielt.

41. Was bedeutet «Vernichtung durch Arbeit»? In den Konzentrationslagern war Arbeit fast von Beginn an fester Bestandteil des Häftlingsalltags. Oft waren dies zunächst sinnlose Tätigkeiten, die einzig der Schikane und Demütigung der Gefangenen dienten. Im Laufe des Krieges erhielt der Arbeitseinsatz der Lagerinsassen eine größere Bedeutung, sei es im Straßenbau, der Erschließung landwirtschaftlicher Flächen, der Rüstungsproduktion oder in Steinbrüchen. Die SS sah vielfach einen mehrfachen Nutzen darin: Gefangene wurden gegen Geld an Betriebe ausgeliehen, man nutzte den extensiven Arbeitseinsatz von Häftlingen zum Auf- und Ausbau eines SS-Wirtschaftsimperiums, das den Einfluss von Himmlers Apparat erweitern sollte. Wegen eines anscheinend unbegrenzt verfügbaren Reservoirs an Arbeitskräften in den Lagern wurde kaum auf erträgliche Arbeitsbedingungen geachtet, im Gegenteil: Die Arbeiten und die Gewalt der Wachmannschaften konnte die Mehrheit der ohnehin entkräfteten Häftlinge nicht lange aushalten, die Sterberate war sehr hoch. Oft fielen die Gefangenen diesen Torturen schon nach wenigen Wochen oder Monaten zum Opfer. Das war insbesondere in Projekten wie der Verlagerung von Rüstungsproduktionen in unterirdische Anlagen beispielsweise im KZ Mittelbau-Dora, in den Zwangsarbeitslagern des SS- und Polizeiführers im Distrikt Lublin, Odilo Globocnik, den Lagern für jüdische Häftlinge im Distrikt

Galizien, deren Häftlinge den Arbeitseinsatz im Straßenbau nicht lange aushielten, oder in Steinbrüchen des KZ Mauthausen oder Plaszow der Fall.

42. Verkaufte die Bahn den Juden Fahrkarten für ihre eigene Deportation? Einen Fahrkartenverkauf für die Deportationszüge hat es zwar nicht gegeben, gleichwohl kassierte die Reichsbahn nach einem festgelegten Tarif für jede deportierte Person einen Fahrpreis. Wie für jede andere Fahrkarte auch berechnete die Bahn den Preis pro Person und gefahrenen Kilometer. Für die Deportationszüge legte sie den Tarif der dritten Klasse zugrunde (4 Pfennig pro Kilometer), für Kinder unter 10 Jahren eine Ermäßigung von 50 Prozent, und für Kinder unter vier Jahren musste nicht bezahlt werden. Überdies berechnete sie einen Gruppentarif und reduzierte ihre Forderung bei einer Anzahl von mindestens 400 Deportierten um 50 Prozent. Offiziell mussten nicht die Juden selbst die Kosten begleichen, sondern diejenige Dienststelle, die den Zug bestellt hatte. De facto aber holte sich die SS das Geld, wo immer es ihr möglich war, von den Juden bzw. jüdischen Organisationen, im Deutschen Reich zum Beispiel von der Reichsvereinigung der Juden.

Deportationen von Juden mit der Bahn gab es erstmals Ende Oktober 1938, als Juden mit polnischer Staatsbürgerschaft aus Deutschland vertrieben wurden. Ab September 1939 folgte im besetzten Polen die Vertreibung von Juden, aber auch nichtjüdischen Polen aus den annektierten westpolnischen Gebieten. Ab Herbst 1941 begannen schließlich die Deportationen aus dem Deutschen Reich, worauf später Transporte aus allen besetzten und verbündeten Ländern folgten. Anders als es viele Filme darstellen, wurden bei weitem nicht immer Güterwaggons benutzt; aus den westeuropäischen besetzten Ländern fuhren häufig auch Personenwaggons. Die meisten dieser Transporte wurden im Reichssicherheitshauptamt in Adolf Eichmanns Referat von Rolf Günter und Franz Novak organisiert und koordiniert, wobei sie selbstverständlich eng mit den Funktionären der Reichsbahn und anderen Eisenbahnen sowie mit Vertretern der Besatzungsverwaltungen und einheimischen Instanzen in den jeweiligen Ländern zusammenarbeiteten. Außerdem war das Auswärtige Amt eng eingebunden in die Vorbereitung der Deportationen. Vor Ort bereiteten jeweils zahlreiche Behörden und ihre Mitarbeiter alles vor: Das Vermögen und die Wohnungen der Menschen mussten registriert und gesichert werden, es galt die Bewachung zu organisieren und durchzuführen, die Abwicklung von Sozialversicherungsansprüchen und Ähnliches war in den entsprechenden Ämtern zu leisten.

Parallel zur Deportation der Juden in Europa stellte die Bahn unzählige Züge zur Verfügung, mit denen Kriegsgefangene und Zivilarbeiter aus zahlreichen besetzten Gebieten, vor allem aus Ostmitteleuropa, nach Deutschland deportiert wurden. Juden und andere wurden nicht ausschließlich mit der Bahn deportiert, es wurden auch Schiffe eingesetzt, die die jüdische Bevölkerung von den griechischen Inseln zum Festland oder aus dem Umland über die Weichsel nach Krakau brachten und Ähnliches mehr. Vielfach deportierte man die Menschen aber auch zu Fuß oder mit Lastwagen. Vor allem in der Kriegsendphase trieb man die Gefangenen von Konzentrationslagern auf langen sogenannten Todesmärschen quer durchs Land.

Zwar fanden viele Deportationen in den frühen Morgenstunden oder auch von weniger zentral gelegenen Bahnhöfen aus statt, dennoch spielten sie sich vielfach in der Öffentlichkeit ab. Die Vorbereitungen blieben der restlichen Bevölkerung ebenso wenig verborgen wie der Abmarsch einer so großen Personenzahl. Aus vielen Orten gibt es Fotoserien, die dies festhalten und die zum Teil von Privatleuten aufgenommen wurden. Überdies profitierten viele von der Deportation der Juden und bemühten sich aktiv um die freigewordenen Wohnungen oder den zurückgelassenen Besitz, der häufig in öffentlichen Versteigerungen, die ein Publikumsmagnet waren, feilgeboten wurde.

43. Wussten die Deutschen wirklich nichts vom Holocaust? »Davon haben wir nichts gewusst«, hieß es nach dem Krieg vielfach mit Blick auf den Holocaust und manch andere Massenverbrechen des Nationalsozialismus. Die Deutschen stritten nach dem Krieg beharrlich ab, vom Holocaust gewusst zu haben, und schoben die Verantwortung auf eine kleine Führungsriege um Hitler, Himmler und Heydrich sowie auf die SS ab. Tatsächlich waren jedoch sehr viel mehr Menschen an der Verfolgung und Ermordung der Juden direkt beteiligt, als man lange Zeit glauben machen wollte. Doch auch über diesen Kreis der Täter hinaus war das Wissen zumindest von Teilen des Holocaust weit verbreitet. Die meisten Etappen der Verfolgung spielten sich ab 1933 vor den Augen der Öffentlichkeit ab: Die Geschäfte wurden offen boykottiert, Synagogen und Wohnungen verwüstet, Menschen verprügelt, verhaftet und schließlich durch die Straßen der Städte und Dörfer zur Deportation weggeführt. Dies waren keine Nacht-und-Nebel-Aktionen, vielmehr begleitete eine ausgiebige Presse- und Filmpropaganda die Ausgrenzung der Juden. Auch über die Konzentrationslager berichteten die Medien in den ersten Jahren des NS-Regimes ausführlich und wiederholt.

Auch nach Kriegsbeginn riss der Informationsfluss nicht ab. Reißerische Bildberichte informierten die Deutschen über die Ghettos im besetzten Polen, etliche an ersten Massenverbrechen beteiligte SS-Männer, Polizisten und Soldaten berichteten in Briefen nach Hause davon; jene, die dem als Schaulustige zugesehen hatten, erzählten während des Fronturlaubs von den Erschießungen und später Deportationen. Zahllose Soldaten und andere machten Fotos auf ihren Besichtigungstouren zu den Ghettos, auch Massenmorde wurden so festgehalten, die Bilder später im Freundes- und Familienkreis herumgereicht. In den besetzten Gebieten, vor allem in Polen und der Sowjetunion war der Mord an den Juden Tagesgespräch unter den Deutschen, zumal die Deportationen offen vor aller Augen mit aller Brutalität durchgeführt wurden. Der Wehrmachtangehörige Wilm Hosenfeld zum Beispiel wusste in Warschau schon im April 1942 von Vergasungen in Auschwitz, im Juli 1942 schrieb er über die Morde mit Gaswagen im Vernichtungslager Kulmhof (Chelmno) und anderes mehr. Solches Wissen drang auf vielen Wegen bis in die Provinz im Deutschen Reich. So wusste der Justizangestellte Friedrich Kellner im hessischen Laubach schon im Oktober 1941 von Massenerschießungen von Juden, und als im September 1942 die örtlichen Juden deportiert wurden, bestand für ihn kein Zweifel, was sie erwartete: «Von gut unterrichteter Seite hörte ich, daß sämtliche Juden nach Polen gebracht u. dort von SS-Formationen ermordet würden.»

Mit zunehmender Dauer des Krieges machten führende Nationalsozialisten wie Robert Ley oder Joseph Goebbels zudem Andeutungen, die für viele verständlich waren, oder sprachen den Massenmord relativ offen an. Überdies berichteten ausländische Rundfunkanstalten, die heimlich von vielen Menschen in Deutschland gehört wurden, über die Morde. Das Wissen um die Ermordung der Juden war daher bereits während des Krieges in der deutschen Gesellschaft recht verbreitet. Nicht jedem wird jedoch die Dimension voll bewusst und jedes Detail bekannt gewesen sein. Dass jedoch ein Verbrechen an den Juden begangen wurde, war weithin bekannt.

44. Warum wurde Auschwitz nicht bombardiert? Nach dem Krieg wurde immer wieder der Vorwurf erhoben, die Alliierten hätten doch die Mordinfrastruktur in Auschwitz oder wenigstens die Gleise bombardieren können, um zu verhindern, dass weitere Deportationszüge das Lager erreichten und der Massenmord ungebremst fortgesetzt werden konnte. Bereits während des Holocaust stellte sich manchen Insassen des KZ diese Frage bzw. sie hofften auf ein Eingreifen von außen. Nahrung erhielten diese Hoffnungen im Mai 1943 durch einen ersten Angriff der amerikanischen Luftwaffe auf das Chemiewerk der IG Farben in Auschwitz-Monowitz. Stärkere Angriffe flog die Air Force erst im Sommer 1944, auch diese richteten sich gegen die Fabrik, nicht gegen das Lager. Durch Berichte des polnischen Untergrunds sowie später durch Luftaufklärungsflüge waren die Alliierten bereits seit dem Sommer 1942 über den Massenmord in den Gaskammern informiert, in den folgenden Monaten und Jahren erhielten sie immer mehr und konkretere Informationen auch aus erster Hand durch geflohene Gefangene. Damit verbundene Appelle von mehreren Seiten, gezielt mit Bombardierungen einzuschreiten, verhallten folgenlos. Stichhaltige Begründungen für die Ablehnung einer Intervention blieben aus, Auschwitz wurde nicht als militärisch relevantes Objekt eingestuft, von einer Bombardierung versprach man sich daher keinen strategischen Vorteil. Von britischer Seite wurden überdies wahrheitswidrig technische Gründe vorgeschoben. Als Rechtfertigung wurde vielfach auch angeführt, das oberste Kriegsziel, dem alles untergeordnet werden musste, sei ein schneller und totaler Sieg über NS-Deutschland gewesen, was automatisch ein Ende des Mordens nach sich gezogen hätte.

45. Was war das Sonderkommando 1005? Die Ermordung der Juden entwickelte sich in Etappen von den Massenerschießungen in den besetzten sowjetischen Gebieten durch die Einsatzgruppen und Polizeibataillone bis hin zum organisierten systematischen Mord in den Vernichtungslagern, in die man die Opfer aus dem gesamten deutsch besetzten Europa mit Zügen brachte. Die Opfer der Massenerschießungen wie anfangs auch die in den Gaskammern in Lagern wie Treblinka oder Auschwitz-Birkenau Ermordeten verscharrten die Täter in Massengräbern. Ab 1942 gingen sie schrittweise dazu über, die Gräber wieder zu öffnen, die Leichen und ihre Überreste zu verbrennen und ihre Spuren vollständig zu beseitigen. Da sie bis dahin bereits Millionen Menschen ermordet hatten und dies an hunderten Orten auch jenseits einiger weniger Mordzentren geschehen war, war das Unterfangen von Beginn an zum Scheitern verurteilt.

Seit Juni 1942 widmete sich dieser Aufgabe das sogenannte Sonderkommando 1005 unter der Leitung von SS-Standartenführer Paul Blobel. Blobel hatte als Kommandeur des Sonderkommandos 4a innerhalb der Einsatzgruppe C selbst maßgeblich am Massenmord mitgewirkt, unter anderem befehligte er die Ermordung der Kiewer Juden in der Schlucht von Babi Jar, wo innerhalb von zwei Tagen 33 771 Menschen erschossen wurden.

Blobel und seine Männer experimentierten, bis sie praktikable Wege fanden, möglichst viele Leichname innerhalb kurzer Zeit zu verbrennen. Sie errichteten Roste, zwischen die sie jeweils eine Lage Leichen aufschichteten. Mit Brandbeschleunigern entfachten sie ein Feuer. Im Anschluss daran mussten die Knochenreste mit Hilfe unterschiedlich feiner Knochenmühlen zermahlen werden. Die Asche wurde in der Gegend verstreut oder in Gewässer gekippt.

Blobels Einheit war auf mehrere Kommandos verteilt, die an verschiedenen Orten parallel arbeiteten. Die SS zwang auch hier jüdische Häftlinge dazu, die meisten Arbeiten zu verrichten. Zu ihnen gehörte Leon Weliczker, der mit gerade 18 Jahren Mitte Juni 1943 in eines dieser Kommandos kam und die Asche der Verbrannten auf der Suche nach Wertsachen durchsieben musste. 1963 veröffentlichte er als Leon W. Wells sein Buch «Ein Sohn Hiobs», in dem er von seinen Erfahrungen Zeugnis ablegt.

46. Wer nicht morden wollte, wurde selbst getötet? Nach dem Ende der NS-Herrschaft behaupteten viele beschuldigte und angeklagte Täter aus den Reihen der Polizei, der SS oder der Wehrmacht, unter dem Druck eines sogenannten Befehlsnotstandes gehandelt zu haben. Sie hätten, so eine weitverbreitete Verteidigungsstrategie und Legende, im Falle einer Befehlsverweigerung um ihr Leben fürchten müssen. Zwar spielten in Organisationen wie SS, Polizei oder Armee Befehl und Gehorsam zu allen Zeiten eine große Rolle, in einer Diktatur allemal, jedoch konnte trotz intensiver Forschung und umfassender Recherche durch die Justiz kein Fall ausfindig gemacht werden, in dem Leib und Leben bei Befehlsverweigerung nachweisbar in Gefahr gewesen wären. Im Gegenteil: Es gibt etliche dokumentierte Fälle, wo sich SS-Männer oder Polizisten weigerten, an einer Erschießungsaktion teilzunehmen, oder dies wenigstens kurz nach Beginn abbrachen, ohne dass sie zur Teilnahme gezwungen worden wären. Zwar setzten sie sich damit mitunter dem Spott oder der Verachtung der anderen aus, in manchen Fällen folgte eine Versetzung in andere Einheiten, mitunter auch an die Front. Überdies machten Vorgesetzte bisweilen auch vor dem Massenmord ausdrücklich darauf aufmerksam, dass niemand gezwungen sei, daran teilzunehmen. Der bekannteste, gut erforschte Fall ist der des Reservepolizeibataillons 101, dessen Angehörige zahlreiche Massaker im besetzten Polen durchführten. Als sie im Juli 1942 im ostpolnischen Józefów hunderte Juden, vor allem Frauen und Kinder, nach der Deportation der Übrigen erschießen sollten, stellte der befehlshabende Major es den Männern frei, ob sie sich beteiligen wollten oder nicht. Nur ein Dutzend Polizisten ergriff die Gelegenheit, sie traten vor und lehnten es ab, mitzuschießen. Sie hatten durch diesen Schritt keine Nachteile. Dieser Fall wurde der breiten Öffentlichkeit Anfang der 1990er Jahre durch Christopher Brownings Buch «Ganz normale Männer» bekannt.

47. War der Holocaust ein industrieller Massenmord? Als ein besonderes Merkmal des Holocaust wird oft angeführt, es sei ein industrieller Massenmord gewesen; daher nannte bzw. nennt man die Vernichtungslager mitunter auch Todesfabriken. Damit ist die Vorstellung eines fabrikmäßigen Ablaufes wie am Fließband verbunden, bei dem der Mord arbeitsteilig, rational und maschinell erfolgt. Das Bild vom industriellen Massenmord geht in Teilen an der Realität des Holocaust vorbei und führt überdies zu falschen Vorstellungen vom Charakter und Alltag des Massenmords in den Vernichtungslagern.

Fast die Hälfte der Opfer ermordeten die deutschen SS-Männer, Polizisten und ihre Helfer nicht in den Gaskammern und Gaswagen der Vernichtungslager. Sie erschossen sie vielmehr in Einzel- oder Massenerschießungen von Angesicht zu Angesicht. Die Einsatzgruppen der Sicherheitspolizei und des Sicherheitsdienstes zum Beispiel ermordeten in den eroberten Gebieten der Sowjetunion weit über eine halbe Million Juden. Auch die zahlreichen Deportationen in die Vernichtungslager waren im besetzten Polen, aber freilich nicht nur dort, mit lokalen Massakern vornehmlich an Kranken und Alten verbunden. Hinzu kommen zehntausende Juden, die versuchten, unterzutauchen, im Versteck oder mit falschen Papieren zu überleben, und die oftmals von der nichtjüdischen Bevölkerung sowie einheimischen Polizeikräften verraten oder direkt getötet wurden. Überdies ließ man hunderttausende Menschen in den Ghettos an Krankheiten und Hunger sterben.

Die Vorstellung, die mit dem Bild des industriellen oder fabrikmäßigen Massenmords verbunden ist, deckt sich überdies kaum mit den Realitäten und grauenhaften Szenarien in den Vernichtungslagern. Trotz aller Versuche einer durchrationalisierten «sauberen»

Tötung waren weite Teile des Mordprozesses immer noch furchtbare und dreckige Handarbeit, zu der daher spezielle Häftlingskommandos, die sogenannten Sonderkommandos, gezwungen wurden. Die Zeugnisse, die Angehörige des Sonderkommandos von Auschwitz-Birkenau oder Überlebende der Vernichtungslager Belzec, Sobibor und Treblinka hinterlassen haben, zeichnen ein eindrucksvolles Bild davon.

48. Ermordeten die Nationalsozialisten die Juden, um an ihren Besitz zu kommen? Alle Etappen des Holocaust waren auch mit der Aneignung des Besitzes von Juden bis hin zur Verwertung des letzten Restes, selbst der Goldzähne und Haare der Ermordeten, verbunden. Für den Holocaustforscher Götz Aly war der Holocaust der «konsequenteste Massenraubmord der modernen Geschichte», der zur Sanierung der Staatsfinanzen ebenso erheblich beigetragen habe wie zur Sicherung von Zufriedenheit und Loyalität der nichtjüdischen Bevölkerung, die in hohem Maße davon profitierte. Wie hoch der Gesamtwert des Besitzes von Juden war, der ihnen geraubt worden ist, lässt sich, auch wegen bis heute bestehender Forschungslücken, nicht einmal näherungsweise bestimmen. Eine wichtige Etappe der Aneignung des Vermögens war die zunächst schleichende, dann ab 1938 beschleunigt durchgeführte sogenannte Arisierung jüdischer Betriebe, von der der Staat, vor allem aber zahlreiche Firmen und Privatpersonen profitiert haben. In den besetzten Ländern vollzog sich dieser Prozess innerhalb kurzer Zeit nach Einmarsch der Wehrmacht. Während der Ermordung der Juden ging weiterhin viel Besitz an den deutschen Staat über, aber auch viele Einzelpersonen plünderten Juden in den besetzten Gebieten hemmungslos aus – Soldaten, SS-Männer und Polizisten, Beamte, Geschäftsleute und andere nahmen sich häufig ohne Bezahlung, was sie begehrten, oder kauften Dinge zu Spottpreisen. Manche geforderte Kontributionszahlung von Juden oder beschlagnahmte Wertsache wanderte direkt in die Taschen der beteiligten Deutschen. Auch die nichtjüdische Bevölkerung in den besetzten Ländern profitierte von der Ermordung der Juden, indem sie Wohnungen,

Geschäfte oder Mobiliar günstig übernehmen bzw. erwerben konnten und mitunter aus Juden in Notlage herauspressten, was sie konnten. Hatten Juden erstmal viel Besitz verloren, schmälerten sich auch ihre Überlebenschancen erheblich. Falsche Papiere zu bekommen oder ein Leben im Untergrund zu organisieren, war mit enormen Kosten verbunden. Diese Erscheinungsformen des Raubes jüdischen Vermögens waren verbreitet und schufen in vielen Fällen eine Art Komplizenschaft zwischen Besatzern und Teilen der besetzten Gesellschaften. Umstritten ist jedoch, inwieweit der materielle Anreiz sich auf die Entschlussbildung und Dynamik des Holocaust ausgewirkt hat. Überwiegend wird in der Holocaustforschung die Auffassung vertreten, dass ideologische und situative Faktoren ausschlaggebend waren, nicht ökonomische. Diese werden eher als willkommener Effekt, nicht als entscheidende Triebfeder verstanden. Gleichwohl spielten materielle Aspekte und ein ökonomisches Kalkül durchaus eine wichtige Rolle in der Dynamik des Holocaust. Die Masse der jüdischen Opfer im besetzten Polen und gesamten Ostmitteleuropa war aber relativ arm, die mögliche Ausbeute daher recht gering.

49. Was war der «Holocaust by bullets»? Der «Holocaust by bullets», mitunter auch deutsch «Holocaust mit Kugeln», hat sich seit einigen Jahren zunehmend eingebürgert als Bezeichnung für die Erschießungen von Juden durch die deutschen SS- und Polizeieinheiten sowie einheimische Polizeikräfte vornehmlich im deutsch besetzten Osteuropa, etwa in der Ukraine oder in Weißrussland. Schätzungen zufolge sind 1,5 bis 2 Millionen Juden auf diese Weise ermordet worden. Im Unterschied zum Massenmord in den Vernichtungslagern wurden die Opfer nicht deportiert, sondern die Täter kamen in die Wohnorte der Menschen, wo sie zusammengetrieben und oft auf dem jüdischen Friedhof, in einem nahegelegenen Waldstück oder auf dem freien Feld erschossen wurden. Dies geschah vor den Augen der nichtjüdischen Bevölkerung, mitunter sogar mit ihrer tatkräftigen Unterstützung. Eines der größten und bekanntesten Massaker dieser Art war die Ermordung der jüdischen Bevölkerung Kiews am 29. und 30. September 1941 in der Schlucht von Babi

Jar. Unter der Federführung des Einsatzkommandos 4a, das Paul Blobel führte, töteten SS-Männer, Polizisten, ukrainische Milizionäre und Wehrmachtsoldaten an diesen beiden Tagen 33 771 Menschen. Zuvor hatten deutsche Polizisten und andere vom 26. bis zum 28. August 1941 bereits in Kamenez-Podolsk rund 23 600 Juden ermordet. Zum ersten Mal gehörten Juden jeden Alters und Geschlechts zu den Opfern, daher sieht man in dem Massenmord von Kamenez-Podolsk einen entscheidenden Schritt in der Geschichte des Holocaust, da er den Beginn der unterschiedslosen Ermordung der Juden darstellte. Zu den Opfern solcher Massenerschießungen gehörten neben Juden auch viele Roma in Osteuropa. Der «Holocaust by bullets» fand vor allem im besetzten Ostmitteleuropa statt, in der Ukraine, in Polen, Weißrussland und Litauen.

50. Ging Janusz Korczak freiwillig in den Tod? Janusz Korczaks Weg in den Tod war schon unmittelbar nach dem Ereignis selbst, im Sommer und Herbst 1942 sehr bekannt und Gegenstand vieler Tagebucheinträge und Erzählungen. In Gedichten besang man seine aufopferungsvolle Tat. Worum ging es? Nachdem zuvor schon andere Kinder aus Waisenhäusern aus dem Warschauer Ghetto deportiert worden waren, traf es am 5. August 1942 auch die Kinder des von ihm geleiteten Waisenhauses. Gemeinsam mit Stefania Wilczyńska und weiteren Mitarbeiterinnen begleitete er die 200 Kinder zum Deportationszug. Um ihnen den Gang zu erleichtern, soll er ihnen zuvor erzählt haben, sie würden nun gemeinsam in den Urlaub fahren.

Janusz Korczak, der 1878 als Henryk Goldszmit geboren wurde, war schon vor dem Krieg als Pädagoge, Schriftsteller und Arzt über die Grenzen Polens hinaus bekannt. Er hatte Kinderbücher sowie vielbeachtete Schriften über Pädagogik veröffentlicht, in denen er sich stark für Kinderrechte einsetzte. Korczaks vielfältige Kontakte halfen ihm auch unter deutscher Besatzung und im Warschauer Ghetto lange Zeit. Er soll mehrere Angebote, mit falschen Papieren ausgestattet auf der ‹arischen› Seite außerhalb des Ghettos versteckt zu werden, mit Blick auf die Versorgung der Waisenkinder ausgeschlagen haben. Vielfach wurde daraus später seine sichere Rettung abgeleitet, obwohl tausende untergetauchte Juden entdeckt, verraten und ermordet wurden. Überdies hieß es, noch am Zug sei ihm vom örtlichen Kommandanten die Rettung angeboten worden, die er ausgeschlagen habe. Unbestritten ist abseits aller Legendenbildungen, dass Korczaks Gang mit den Kindern eine große menschliche Tat war, für die er und seine bisweilen vergessenen Mitarbeiterinnen schon damals bewundert wurden. Nachum Remba, der damals auf dem Umschlagplatz beim Deportationszug war, schreibt: «Diesen Anblick werde ich nie vergessen, das war kein Marsch zu den Waggons, das war ein organisierter, stummer Protest gegen das Banditentum!» Heute sind Kindergärten, Schulen, Straßen und Plätze in aller Welt nach Korczak benannt und seine Bücher sind nach wie vor in zahlreichen Sprachen erhältlich.

51. Gegen wen sollten die «Austauschjuden» ausgetauscht werden? «Austauschjuden» waren in der NS-Sprache nichts anderes als jüdische Geiseln, jüdische Inhaftierte, von denen sich die Machthaber noch einen Nutzen versprachen, sei es im Austausch gegen Deutsche, die in Palästina oder anderswo im British Empire lebten, deutsche Gefangene der Alliierten oder gegen Güter. Ihre Inhaftierung im Lager sollte als Druckmittel dienen und das Verhalten mancher Regierungen zugunsten NS-Deutschlands beeinflussen. Diese Vorstellung von der Bedeutung jüdischer Geiseln war nicht frei von der antisemitischen Wahnidee eines Weltjudentums, das großen Einfluss auf die Zeitläufte habe bzw. etliche Staaten im Verborgenen lenke.

Bis Februar 1943 wurde nur eine geringe dreistellige Zahl von Juden, die aus Palästina stammten oder gültige Einreisepapiere hierfür vorweisen konnten, gegen Deutsche ausgetauscht. Von 1943 bis 1945 wurde der in Frage kommende Personenkreis erweitert. Der Reichsführer SS Heinrich Himmler ordnete an, ein Aufenthaltslager für diese «Austauschjuden» in Bergen-Belsen anzulegen, das 10 000 Personen fassen sollte. Hierhin brachte man unter anderem rund 4000 Juden aus den Niederlanden. Aus Bergen-Belsen wurden 222 Menschen Mitte 1944 nach Palästina gebracht, für die im Gegenzug 150 Deutsche von dort ins Reich reisen konnten. Viele andere der rund 14700 Juden, die das Aufenthaltslager durchliefen, wurden getäuscht; sie wurden einige Zeit später weiter deportiert und ermordet.

Abseits dieses Programms gab es jedoch weitere Initiativen für einen Austausch oder Freikauf von Juden. So konnte der Schweizer Jean-Marie Musy im Auftrag der orthodoxen Organisation Agudat Israel 1944/45 in Verhandlungen mit der SS erreichen, dass am 5. Februar 1945 1200 Menschen das Ghetto Theresienstadt mit einem Zug Richtung Schweiz verließen und dort zwei Tage darauf wohlbehalten eintrafen. Von dort reisten die meisten kurze Zeit später weiter nach Palästina.

52. «Der Führer schenkte den Juden eine Stadt»? Unter dem Titel «Der Führer schenkte den Juden eine Stadt» ging ein Propagandafilm in die Geschichte ein, der nie in die Kinos kam und diesen Titel nie getragen hat. Der heute nur in Fragmenten überlieferte Film entstand im Herbst 1944 im Ghetto Theresienstadt in Böhmen und zeichnete unter dem prosaischen Titel «Theresienstadt. Ein Dokumentarfilm aus dem jüdischen Siedlungsgebiet» ein Zerrbild. Er zeigte ein Zuckerbäcker-Ghetto. Unter Zwang und stenger Kontrolle durch die SS musste Kurt Gerron, der als Schauspieler, Kabarettist und Regisseur vor 1933 mit den Kassenschlagern «Der blaue Engel» mit Marlene Dietrich oder «Die drei von der Tankstelle» mit Heinz Rühmann große Erfolge gefeiert hatte, das zynische Trugbild eines Alters- und Vorzeigeghettos der Nationalsozialisten in Szene setzen.

Für die Aufnahmen griff man auf das schon für den Besuch einer Rotkreuz-Delegation herausgeputzte Ghetto zurück und rundete das Bild durch manche Kulisse ab. Die Gefangenen Theresienstadts selbst mussten als Komparsen sowie als Musiker für den Propagandastreifen herhalten. Der Film zeigte ein stark geschöntes Bild des Ghettos und inszenierte den Kommandanten Karl Rahm als fürsorglichen väterlichen Kümmerer. Gerron und viele Mitwirkende lebten nach Fertigstellung des Films bald schon nicht mehr. Der Regisseur wurde am 28. Oktober 1944 nach Auschwitz-Birkenau deportiert und dort ermordet.

53. Was meinten die KZ-Häftlinge mit «Muselmann»? «Muselmann» ist ein Begriff aus der Lagersprache in Auschwitz. Gemeint waren Häftlinge, die physisch und psychisch bereits derart entkräftet waren, dass sie in einer Art Schwebezustand zwischen Leben und Tod zu sein schienen. Hunger und Krankheiten versetzten zahllose Neuankömmlinge im Lager innerhalb kurzer Zeit, oft in nur einigen Wochen nach ihrer Ankunft in diese Verfassung. Muselmänner bewegten sich nur noch langsam und apathisch vorwärts, nahmen ihre Umgebung kaum noch wahr, waren meist nicht mehr in der Lage, sich mitzuteilen, und hatten einen leeren Blick. Hatte ein Häftling erst einmal das Stadium eines Muselmannes erreicht, war dies sein sicheres Ende. Von den Mitgefangenen wurden sie in der Regel gemieden, die regelmäßig stattfindenden Selektionen im Lager bedeuteten ihren sicheren Tod, da die SS-Männer Häftlinge in diesem Zustand als nicht arbeitsfähig aussonderten und ermordeten. Der Auschwitz-Überlebende Primo Levi schreibt in seinen Erinnerungen «Ist das ein Mensch?»: «Ihr Leben ist kurz, doch ihre Zahl ist unendlich. Sie, die Muselmänner, die verlorenen, sind der Nerv des Lagers: sie, die anonyme, die stets erneuerte und immer identische Masse schweigend marschierender und sich abschuftender Nichtmenschen, in denen der göttliche Funke erloschen ist und die schon zu ausgehöhlt sind, um wirklich zu leiden.»

Der Begriff war in zahlreichen Lagern in Gebrauch. Er geht wahrscheinlich auf das polnische Wort «muzułmanin», das Muslim bedeutet, zurück. Warum dieser Begriff in leichter Abwandlung auf diese Häftlingsgruppe angewandt wurde, ist unbekannt. Einige Überlebende führten als Erklärung an, dass sie in ihrer oft gebückten und hockender Haltung sowie mit einer übergeworfenen Decke an Muslime in Gebetshaltung erinnert hätten.

54. Warum wurden in Deutschland gegen Kriegsende vielfach «Zebras» Opfer von «Hasenjagden»? In fast endlosen Kolonnen trieb die SS in der Kriegsendphase KZ-Häftlinge aus den geräumten Lagern durch Deutschland, damit diese den Alliierten nicht in die Hände fielen. Mancherorts konnten die Gefangenen die Dunkelheit oder das Chaos während eines Bombenangriffs nutzen, um zu fliehen. In die Suche nach den Entflohenen spannte die SS nicht selten Soldaten, örtliche Polizisten, aber oft auch die lokale Bevölkerung ein. Solche Aktionen, die vielerorts in Massaker an den aufgegriffenen Häftlingen mündeten, wurden für manche eine Gaudi. Sie bezeichneten dies verharmlosend als «Hasenjagd», wie zum Beispiel im April 1945 in Celle, wo eine mordlustige Schar von Soldaten, Polizisten und Zivilisten rund 170 Menschen ermordete. Andernorts hieß es mit Blick auf die gestreifte Häftlingskleidung: «Wir gehen auf Jagd, um die Zebras abzuschießen».

Diese Massaker waren Teil der Verbrechen rund um die sogenannten Todesmärsche. Diese begannen im Sommer 1944, als die Front im Osten das besetzte Polen und das Baltikum erreichte. Die Häftlinge wurden von der SS zu Fuß über weite Strecken getrieben. Wer die Geschwindigkeit nicht halten konnte, wurde meist direkt erschossen. Für viele, die bis dahin das Lager nur knapp überlebt hatten, waren diese unmenschlichen Strapazen nicht mehr zu bewältigen, so dass die Routen der Todesmärsche mit Leichen übersät waren. Im Winter wurde das Laufen beschwerlicher und den Gefangenen setzte die klirrende Kälte zu. Die Todesmärsche erreichten riesige Dimensionen. In Auschwitz wurde beispielsweise ab dem 18. Januar 1945 mit der Evakuierung von fast 70 000 Häftlingen begonnen, die zunächst zu Fuß Richtung Westen getrieben, später dann auf oft offene Güterwaggons gezwängt wurden.

Mit dem Vormarsch der Alliierten agierte die SS zunehmend kopflos, manche Häftlingskolonnen irrten orientierungslos zwischen den Fronten umher. Dabei kam es zu zahlreichen Massakern an den Gefangenen: In der Nähe der Stadt Gardelegen zwängten SS-Männer hunderte Gefangene aus dem KZ Mittelbau-Dora in eine Scheune und verbrannten sie bei lebendigem Leib. Schätzungen zufolge wurde auf den Todesmärschen mindestens eine Viertelmillion Menschen ermordet. Heute erinnern an manchen Orten Denkmäler und Hinweistafeln an die Routen bekannterer Todesmärsche.

Akteure

55. Was machte ein Schreibtischtäter? Der Begriff «Schreibtischtäter» kam in den 1960er Jahren im Umfeld des Jerusalemer Prozesses gegen Adolf Eichmann auf. Eichmann galt als der Prototyp eines Schreibtischtäters, jemand, der vom Büro aus am Massenmord an den europäischen Juden beteiligt ist, in der Regel ohne als Täter vor Ort direkt in Erscheinung zu treten. Eichmann war Mitarbeiter im Referat IV B 4 des Reichssicherheitshauptamts in Berlin, das unter anderem für Juden zuständig war. Dort koordinierte er wesentlich die Deportation von rund drei Millionen Juden im deutschen Herrschaftsbereich; zuvor organisierte er die Vertreibung der Juden aus Deutschland und Österreich. Er lenkte den Prozess mit Hilfe schriftlicher oder mündlicher Anweisungen, es wurden Entscheidungen in Besprechungen getroffen oder durch Berichte und Eingaben an höherer Stelle erwirkt. Auf den prototypischen Charakter von Eichmanns Täterschaft in einem arbeitsteiligen Massenmord zielte unter anderem Hannah Arendts Formel von der «Banalität des Bösen», von der sie in ihrem Bericht über den Eichmann-Prozess sprach.

Unter die Kategorie der Schreibtischtäter wird heute ein breiter Personenkreis gefasst: Juristen fallen vielfach ebenso darunter wie Beamte und Funktionäre vieler verschiedener Verwaltungen im Deutschen Reich und in den Besatzungsapparaten. Die Übergänge zur Gruppe der sogenannten Direkttäter, denjenigen, die direkte Gewalt gegen Verfolgte ausübten oder diese unmittelbar ermordeten, sind jedoch fließend. Nicht wenige der Schreibtischtäter im Reichssicherheitshauptamt waren zeitweise in mobilen Mordkommandos, den sogenannten Einsatzgruppen, in den eroberten Gebieten der Sowjetunion an Massenerschießungen von Juden beteiligt. Auch Funktionäre der Besatzungsverwaltungen aller Ebenen griffen nicht selten zu brutaler Gewalt.

Der Begriff Schreibtischtäter suggeriert eine Ferne zu den Verbrechen, die in vielen Fällen so nicht bestanden hat. Viele derjenigen, die den Holocaust von ihrem Schreibtisch aus vorantrieben, taten dies durchaus im Bewusstsein um die Reichweite und die Folgen ihrer Taten. Nach dem Krieg erleichterte es ihnen allerdings die (vermeintliche) Tatferne, straffrei auszugehen, da der arbeitsteilige Charakter der Massenverbrechen der Justiz bei der Auslegung des Strafrechts manche Hürde in den Weg stellte. Die in vielen Bereichen selbst belastete Justiz unternahm dabei zudem oft nur halbherzige Anstrengungen, solche Schwierigkeiten zu überwinden.

56. Warum dachten Täter an den Holocaust als «schöne Zeiten» zurück? Kurt Franz, der letzte Kommandant des Vernichtungslagers Treblinka, in dem mindestens 900 000 Menschen ermordet worden sind, hatte ein Album mit Fotos aus dem Lager und von seinen Kollegen. «Schöne Zeiten» hatte er eine Seite überschrieben, auf die er Außenaufnahmen des Lagers, von seinem Vorgesetzten Franz Stangl und sich selbst geklebt hatte. Für ihn war der Massenmord Alltagsarbeit, die mit vielen schönen Seiten verbunden war: Er konnte Allmachtsgefühle ausleben, sich als wahrer «Herrenmensch» fühlen, er kam in den Genuss von allerlei Vorzügen, die es anderswo während des Krieges so nicht mehr gab. Dazu gehörten Leckereien und Alkohol im Überfluss, Sonderurlaube, Gehaltszuschläge und anderes mehr. Auch wenn es streng verboten war, bereicherten sich viele Täter hemmungslos am Besitz der ermordeten Juden.

Kurt Franz und viele jener mordenden «Herrenmenschen» vor allem im besetzten Ostmitteleuropa, dem Zentrum des Holocaust, waren zudem nicht selten von dem Gefühl getragen, Vollstrecker oder gar Pioniere einer historischen Mission zu sein. Von ihren Vorgesetzten wurden sie darin bestärkt. Heinrich Himmler, zentrale Figur des Holocaust und Reichsführer SS, sprach am 4. Oktober 1943 in Posen auf einer SS-Gruppenführertagung davon, die Ermordung der Juden sei «ein niemals geschriebenes und niemals zu schreibendes Ruhmesblatt unserer Geschichte». Diesem Täterstolz, den viele der Beteiligten verspürten, ließen sie unter sich freien Lauf. Aber auch über den engeren Kreis der Eingeweihten hinaus prahlten viele mit ihren Taten, sie schilderten sie ausführlich in Briefen nach Hause, sie machten Fotos, legten Alben an und zeigten diese mit Genugtuung herum. In einer Aussage vor der bundesdeutschen Justiz brachte ein Kriminalangestellter der Grenzpolizei im besetzten Polen die Haltung vieler Täter auf den Punkt: «Die Mitglieder des Grenzpolizeikommissariats waren bis auf wenige Ausnahmen gerne bereit, bei Erschießungen von Juden mitzumachen. Das war für sie ein Fest! [...] Da hat keiner gefehlt. [...] Der Haß gegen die Juden war groß, es war Rache, und man wollte Geld und Gold. Wir wollen uns doch nichts vormachen, bei den Judenaktionen gab es etwas zu holen.» Den Stolz auf die «großen Zeiten», an die sie sich im Privaten oft und gerne erinnerten, haben jedoch nach 1945 die wenigsten nach außen offen geäußert.

57. Wie viele Täter gab es? Will man die Frage nach der ungefähren Zahl der Täter beantworten, steht man zunächst vor der Schwierigkeit, festlegen zu müssen, wer überhaupt als Täter gilt und wer nicht. Inzwischen gibt es mit der sogenannten Täterforschung einen Spezialzweig, der sich seit den neunziger Jahren intensiver den verschiedenen Tätergruppen zuwendet, nachdem die Geschichtswissenschaft diese zu ihren Lebzeiten weitgehend ignoriert bzw. sich auf wenige Haupt- und Exzesstäter kapriziert hatte, die sie überdies häufig dämonisierte und pathologisierte.

Heute sind Täter und Tatbeteiligte vieler Ebenen und Institutionen im Fokus der Forschung. Insgesamt geht man von 200 000 bis 250 000 deutschen bzw. österreichischen Tätern aus. Hierunter fallen die SS-Leute, die in den Lagern mordeten, ebenso wie SS-Männer und Polizisten der Einsatzgruppen und Polizeibataillone, die hunderttausende Juden in zahllosen Massakern erschossen. Hieran beteiligt waren Soldaten und andere Angehörige der Wehrmacht, die mitunter auch selbstständig töteten. In zahlreichen weiteren Einheiten und Institutionen wie der Verwaltung, der Hitler-Jugend, dem Bahnschutz und vielen mehr wurden Menschen zu Tätern des Holocaust. All diese weit überwiegend männlichen Täter bezeichnet man wegen ihrer direkten Konfrontation mit ihren Opfern und dem Morden auch als Direkttäter. Hinzu kommt die Gruppe der sogenannten Schreibtischtäter, jene wiederum überwiegend männlichen Beteiligten, die aus ihren Büros heraus den Massenmord koordinierten und vorantrieben, die entsprechende Verordnungen auf den Weg brachten und anderes mehr. Exemplarisch für diese Männer steht Adolf Eichmann, der im Reichssicherheitshauptamt eine Schlüsselfigur der europaweiten Koordination des Völkermords war. Die Übergänge zwischen diesen Kategorien sind fließend. Gerade in Reinhard Heydrichs Reichssicherheitshauptamt verfolgte man bewusst die Linie, dass sich viele erst «im Felde» bewähren sollten, bevor sie Führungsaufgaben in der Zentrale des Terrors überantwortet bekamen. Die führenden Männer des Amtes waren daher nicht selten zuvor in den Einsatzgruppen im besetzten Polen oder den eroberten sowjetischen Gebieten am Massenmord beteiligt gewesen.

Der Kreis der Täter reicht über Uniformträger und Funktionäre der Besatzungs- und Verwaltungsapparate hinaus. In den besetzten Ländern, hier vor allem im besetzten Ostmitteleuropa, dem Epizentrum des Holocaust, aber auch im Deutschen Reich waren Männer und Frauen aus der Gesellschaft, die keine Funktionen in Parteigliederungen oder Verwaltungen innehatten, Tatbeteiligte. Privatpersonen beteiligten sich am Morden, hetzten oder prügelten Juden während der Novemberpogrome zu Tode, machten in der Kriegsendphase Jagd auf geflohene Häftlinge aus den Todesmärschen und vieles mehr.

Der Holocaust war zwar deutschen Ursprungs, er wurde in NS-Deutschland erdacht, geleitet und maßgeblich von deutschen Täterinnen und Tätern in allen unterjochten Ländern betrieben. Gleichwohl entwickelte er sich in gewisser Weise zu einem europäischen Projekt, an dem auch viele nichtdeutsche Täter, freilich nicht immer freiwillig, teilhatten. Im besetzten West- und Nordeuropa spürten vielfach einheimische Polizeikräfte, auch mit Hilfe von Teilen der örtlichen nichtjüdischen Bevölkerung, Juden auf, verhafteten sie und führten sie den Deportationszügen zu, die wiederum von einheimischen Bahnmitarbeitern gefahren und organisiert wurden. Zudem kam es mancherorts zu pogromartigen gewalttätigen Ausschreitungen gegen Juden, etwa in Paris, Amsterdam und Antwerpen. Im besetzten Mittel- und Osteuropa gab es, da dort auch die Ermordung der Juden im Wesentlichen stattfand, zudem Direkttäter, die als Polizisten an der Erschießung von Juden oder die als teilweise zwangsrekrutierte

Hilfskräfte der SS an den mörderischen Räumungen der Ghettos sowie am Mordbetrieb in den Vernichtungslagern beteiligt waren. Die Gesamtzahl dieser nichtdeutschen Tätergruppen ist nicht annähernd zu beziffern, da es nach wie vor an Forschungsarbeiten hierzu mangelt. Wie hoch ihre Zahl auch ausfallen mag, sie ändert nichts daran, dass die deutsche Besatzungs- und Mordpolitik den Rahmen setzte, das Verbrechen plante und initiierte und so die Voraussetzungen für das Morden überhaupt erst schuf.

58. Ohne Hitler kein Holocaust? Die Rolle, die der Diktator im NS-Staat insgesamt und beim Holocaust speziell spielte, ist seit langem Gegenstand der Diskussion. Auf der einen Seite wird der Standpunkt vertreten, dass Hitler die Ermordung der Juden schon sehr früh vorgedacht und als ein Hauptziel verfolgt hatte. Auf der anderen Seite wird die Rolle des Diktators gering gewichtet. Der Holocaust sei vielmehr das Ergebnis eines unsystematischen und ungeplanten Prozesses, in dem situative Entscheidungen und Konkurrenzen im System zu einer «kumulativen Radikalisierung» (Hans Mommsen) geführt hätten, an deren Ende der Genozid als vermeintliche Lösung des (selbstgeschaffenen) Problemdrucks stand. In der Holocaustforschung hat sich heute weitgehend die Ansicht durchgesetzt, der Holocaust sei das Ergebnis einer stufenweisen Entwicklung gewesen, die mitunter auch in verschlungenen Linien verlief. Den Stellenwert wiederum, den man hierin Hitler zumisst, veranschlagen die Historikerinnen und Historiker nach wie vor sehr unterschiedlich. Manche sehen an einem bestimmten, jeweils unterschiedlich datierten Punkt ein direktes Eingreifen Hitlers in Form eines Befehls zum umfassenden Massenmord an den europäischen Juden, während andere die Existenz eines solchen «Führerbefehls» verneinen. Der Diktator hat in dieser Sichtweise den verschiedenen Führungskräften in Partei und den Besatzungsapparaten breite Handlungsspielräume gelassen. Aus dem sich so entwickelnden, sich immer weiter radikalisierenden Kräftespiel habe sich eine zum systematischen Massenmord führende Eigendynamik ergeben, die Hitler dann nachträglich absegnete.

Beide Interpretationsansätze haben ihre Schwachpunkte – der

auf Hitler zentrierte, der einen früh gefassten Mordplan am Werk sieht, scheint stark retrospektiv vom Holocaust her zu denken; der auf Strukturen und Entwicklungen abhebende Ansatz unterliegt der Gefahr, den Prozess zu entpersonalisieren und einen Automatismus am Werk zu sehen. Ohne Hitler aber, wie Ian Kershaw es treffend zuspitzte, wäre der Holocaust kaum vorstellbar, schuf er doch mit seinem für alle sichtbaren und unzweifelhaft vorhandenen Judenhass, auf den sich alle berufen konnten, maßgeblich das Klima, in dem es zu einer Eskalation der Verfolgungspolitik kommen konnte. Der über die wichtigen Entwicklungsschritte gut informierte Diktator musste keinen umfassenden Befehl erlassen, vielmehr konnte er sich darauf beschränken, den Prozess der Radikalisierung laufen zu lassen, ihn an passender Stelle bisweilen zu befeuern und die sich daraus schließlich entwickelnden Überlegungen zur Ausweitung und Systematisierung der Morde als Grundlage für das weitere Handeln zu bestätigen. In gewisser Weise kann man eine Serie von «Führerentscheidungen» sehen, die jeweils auf einzelne Aktionen verschiedener Akteure und sich daraus ergebende Konsequenzen reagierten. Welche Rolle Hitler genau in einzelnen Schlüsselmomenten des Prozesses gespielt hat, bleibt wegen der unzureichenden Quellenüberlieferungen jedoch weitgehend im Dunkeln.

59. Waren die Täter «ganz normale Männer» oder «ganz normale Deutsche»? Hinter dem auf den ersten Blick nur geringfügigen Unterschied zwischen «normalen Männern» und «normalen Deutschen» stehen zwei deutlich voneinander abgegrenzte Interpretationen zu den Ursachen des Mordens, um die es 1996 eine scharfe Debatte unter Historikern und in der deutschen Öffentlichkeit gab. Der Holocaustforscher Daniel Jonah Goldhagen vertrat in seinem Buch «Hitlers willige Vollstrecker» die These, der Holocaust sei ein nationales Projekt der Deutschen gewesen, die besonders von Antisemitismus durchdrungen gewesen seien. Die von einem «eliminatorischen Antisemitismus» angetriebenen «ganz normalen Deutschen» hätten den Tod der Juden gewollt und schließlich herbeigeführt, als sie die Gelegenheit dazu hatten. Mit seinem Bestseller, dessen Erscheinen von einem riesigen medialen Interesse begleitet wurde, wandte sich Goldhagen gegen die Interpretation Christopher Brownings, die dieser Anfang der 1990er Jahre in seinem Buch «Ganz normale Männer», teilweise auf Grundlage der gleichen Akten, vorgelegt hatte. Browning hatte das Verhalten der untersuchten Polizisten dahingehend gedeutet, dass er für die Erklärung ihrer Mordbereitschaft ein Zusammenspiel mehrerer Faktoren anführte: die Kriegssituation, die Wirksamkeit negativer Rassenklischees, Gruppendruck, ideologische Propaganda in der Schulung, ein spezifisches soziales Netz in Gruppen wie Polizeieinheiten und andere mehr. Browning sah in diesen Faktoren wenig spezifisch Deutsches, vielmehr sei vieles davon auch in anderen Gesellschaften vorzufinden gewesen und vorzufinden, was in bestimmten Konstellationen dann Wirksamkeit entfalten könne, weswegen er von «ganz normalen Männern» sprach.

Die Forschung ist in weiten Teilen Browning gefolgt und hat Goldhagens Thesen und Arbeitsweisen zurückgewiesen. Vielfach wurde ihm von Fachkollegen allerdings konzediert, durchaus richtige und wichtige Fragen aufgeworfen zu haben und mit seiner, sprachlich mitunter drastischen, Nahsicht auf die Massenmorde deren Charakter und das Verhalten der Direkttäter stärker in den Fokus gerückt zu haben.

60. War der Holocaust ein männliches Projekt? Die Rolle von Frauen im Holocaust blieb lange Jahre jenseits von (voyeuristisch aufgeladenen) Zerrbildern, die Täterinnen etwa der KZ-Verbrechen mitunter als Bestien zeichneten, im Dunkeln. Die auch in der Bundesrepublik und in der DDR noch wirksame überkommene Vorstellung von der Frau als dem «schwachen Geschlecht» stand einer Wahrnehmung und Erforschung weiblicher Täterschaft lange Zeit im Weg. Neben einem veralteten Rollenverständnis war für die lange ausgebliebene Beachtung von Täterinnen freilich auch der Umstand verantwortlich, dass das Gros der Täter in den zentralen Institutionen und Einheiten des Holocaust wie der SS und Polizei, der Wehrmacht und an den Schalthebeln der Verwaltungen Männer waren. Im Einklang mit der Rollenverteilung damaliger Gesellschaften übernahmen Frauen in der Planung, Organisation und Durchführung der nationalsozialistischen Massenverbrechen in der Regel nur nachgeordnete Funktionen als Aufsichtspersonal in Frauenkonzentrationslagern, als Pflegerinnen in den Heil- und Pflegeanstalten oder Sekretärinnen in den einschlägigen Dienststellen im deutsch besetzten Ostmitteleuropa. Sie und viele Ehefrauen der Täter waren aber Teil der Besatzungsgesellschaften vor Ort und beteiligten sich an der Ausplünderung der Juden. Manche nahmen gar an Massenerschießungen teil. Dennoch war der Holocaust im Kern, in der konkreten Planung und Durchführung des Massenmords an den europäischen Juden, ein männlich geprägtes Verbrechen.

61. War Primo Levi 1987 ein «spätes Opfer» des Holocaust?
Primo Levi, der ein Überlebender des Konzentrationslagers Auschwitz-Birkenau war, starb im April 1987, nachdem er das Treppenhaus seines Turiner Wohnhauses hinuntergestürzt war. Viele interpretierten dies als Freitod Levis, der schließlich nicht mehr mit der Last des Überlebens fertiggeworden sei. So ging es nach ihrer Befreiung manchen Überlebenden des Holocaust. Manche, wie der polnische Schriftsteller Tadeusz Borowski, nahmen sich kurz danach, andere erst viele Jahre später das Leben, so wahrscheinlich auch der Dichter Paul Celan. Klare Belege dafür, dass Primo Levi kraft eigener Entscheidung starb – wie einen Abschiedsbrief –, gibt es jedoch keine.

Levi gehörte zu den nur rund 800 Häftlingen, die am 27. Januar 1945 von der Roten Armee im Konzentrationslager Auschwitz-Monowitz vorgefunden und befreit wurden. Levi hatte sich der Räumung zuvor entziehen können und erlebte die Befreiung krank und sehr geschwächt im Lager.

Der 1919 in Turin geborene italienische Jude Levi war promovierter Chemiker. Bevor er sich einem antifaschistischen Partisanenverband anschließen konnte, wurde er im Dezember 1943 verhaftet und im Februar 1944 mit einigen hundert weiteren italienischen Juden nach Auschwitz deportiert. Mit viel Glück konnte er als einer der wenigen Italiener das Lager überleben. Als wahrscheinlich lebensrettend erwiesen sich vorhandene Deutschkenntnisse und sein Chemie-Studium. Daher wurde er nach einiger Zeit in Auschwitz-Monowitz zur Arbeit in einem Labor zugeteilt, was erheblich leichtere Arbeitsbedingungen bot als die schwere Zwangsarbeit, die sonst in diesem Lager zu leisten war und die die Häftlinge in der Regel nur einige Wochen oder wenige Monate durchhielten.

Nach der Befreiung kehrte Levi nach einer mehrmonatigen Odyssee durch das von Krieg und Besatzung verwüstete Europa nach Turin zurück, wo er als Chemiker arbeitete. Unmittelbar nach seiner Heimkehr machte er sich an die Niederschrift seines bekanntesten Erinnerungsbuchs, das 1947 auf Italienisch und 1961 unter dem Titel «Ist das ein Mensch?» auf Deutsch erschien. Darin schildert er seine Lagererfahrungen in eindrucksvoll nüchtern-klarer und zugleich anschaulicher Sprache. Es wurde zu einem der bis heute wichtigsten Zeugnisse des Holocaust. Ihm folgten weitere Werke, wie die grundlegende Essaysammlung «Die Untergegangenen und die Geretteten» in den achtziger Jahren, in der Levi unter anderem den Graubereich zwischen Opfern und Tätern auszuloten versucht sowie über die Grenzen des Zeugnisses der Überlebenden reflektiert.

62. Warum kannte jeder Jude in Deutschland Julius Streicher? Der Name Julius Streicher ist aufs Engste mit antisemitischer Hetze übelster Machart verbunden. Streicher war bereits eine Größe im völkischen Milieu, bevor er im Herbst 1922 zur NSDAP stieß. Der Volksschullehrer Streicher nahm am kläglich gescheiterten Putschversuch Hitlers im November 1923 in München teil und verlor deswegen seine Stellung. In der Partei stieg er weiter auf, ab 1925 war er Gauleiter Mittelfrankens, später Frankens.

Bekannt ist Streicher jedoch vor allem als Eigentümer der Zeitung «Der Stürmer», die er im April 1923 gegründet hatte und bis Februar 1945 herausgab. Die Wochenzeitung bewegte sich vor der Machtübertragung an die Nationalsozialisten 1933 in niedrigen Auflagenhöhen unter 25 000 Exemplaren, die nach 1933 jedoch bald in die Höhe schnellten und vor dem Krieg unterschiedlichen Schätzungen zufolge bei mehreren hunderttausend bis zu 1,5 Millionen Exemplaren lagen. Das Blatt prägte vielerorts das Straßenbild, da es in sogenannten

«Stürmer»-Kästen am Wegesrand oder zentralen Plätzen ausgehängt wurde. Streichers Zeitung kochte alte antisemitische Stereotype wieder auf und verband diese mit vulgären Sexphantasien, etwa in der Darstellung von «Rassenschande»-Fällen. Generell wurden jüdische Männer häufig als von einer pervertierten Sexualität getriebene «Untermenschen» dargestellt, die sich an «deutschen Frauen» oder Kindern vergingen und zu «abnormen» Sexualpraktiken neigten. Die Melange aus Judenhass und voyeuristisch-pornografischen Darstellungen wurde verstärkt und garniert durch entsprechende Karikaturen.

Die Zeitung war eine wichtige Machtbasis und Einkommensquelle für Streicher, der einen opulenten und ausschweifenden Lebensstil pflegte, der ihn häufiger in die Kritik und 1940 schließlich um seine Ämter brachte. Er stolperte über Korruptionsvorwürfe im Umfeld von «Arisierungen», behielt jedoch sein einträgliches Hetzblatt. Nach dem Krieg wurde Streicher verhaftet und im Nürnberger Hauptkriegsverbrecherprozess angeklagt, verurteilt und 1946 hingerichtet.

63. Was waren Trawnikis? Trawnikis waren die heute wohl bekannteste nichtdeutsche Tätergruppe im Holocaust. Zu ihr gehörten neben sogenannten Volksdeutschen Angehörige anderer Nationen, vor allem der Ukraine, Weißrusslands, Russlands, Litauens, Lettlands und Estlands, die für die Beteiligung am Massenmord rekrutiert wurden. Nicht immer wussten die Männer, die auch in Kriegsgefangenenlagern angeworben wurden, worauf sie sich einließen. Zudem sahen sie die «freiwillige» Anwerbung mitunter als einzigen Ausweg, den desaströsen Verhältnissen in den Lagern und dem wahrscheinlichen Hungertod zu entgehen.

Der Name dieser circa 4000 bis 5000 Männer geht auf ihr Ausbildungslager zurück, das sich im ostpolnischen Trawniki befand, einem Ort, der neben diesem noch ein Zwangsarbeitslager für Juden beherbergte, in dem insgesamt ungefähr 20 000 Juden inhaftiert waren. Nach ihrer Ausbildung wurden die Trawniki-Männer verschiedenen Einheiten zugeteilt. Viele verrichteten Dienst in den Vernichtungslagern der «Aktion Reinhardt», wo sie vor allem Wachdienst und Aufgaben übernehmen mussten, für die sich die SS-Männer zu fein waren. Viele Trawnikis halfen bei der Räumung der Ghettos im besetzten Polen und der Deportation ihrer Bewohner in die Vernichtungslager mit. Andere waren im Kampf gegen Partisanen involviert. Viele Überlebende schilderten die Trawniki-Männer, die sie auch als Askaris bezeichneten, als besonders grausam.

Die «fremdvölkischen» Hilfskräfte, wie es im SS-Jargon hieß, standen in der Hierarchie unter den SS-Männern. Sie waren einer strengen Aufsicht unterworfen, bei der mit Gewaltanwendung bei Maßregelungen nicht gespart wurde. Manche von ihnen flohen aus deutschen Diensten, wobei die Gründe dafür vielfältig sein können. Andere hielten sich mit Grausamkeiten den Juden gegenüber zurück oder waren sogar Beeinflussungen und Bestechungen zugänglich. So konnten jüdische Arbeitshäftlinge in den Vernichtungslagern Treblinka und Sobibor auf diesem Wege sogar an Waffen gelangen.

Nach dem Krieg konnten sich viele ehemalige Trawniki-Männer tarnen und sich in Deutschland, den USA, Kanada oder Australien niederlassen, wo sie jahrzehntelang unbehelligt lebten. Viele jedoch wurden in die Sowjetunion repatriiert und dort vor Gericht gestellt und verurteilt. Im Westen kam die Strafverfolgung erst spät in Gang, als vor allem nordamerikanische und australische Behörden in den achtziger Jahren mit der systematischeren Suche nach Kriegsverbrechern begannen. In der Bundesrepublik gerieten die Trawniki-Männer meist nur beiläufig oder zufällig in den Blick der Justiz.

64. Warum hat der Papst zum Holocaust geschwiegen? Die Erwartungen, dass Papst Pius XII. sich wortstark gegen die Ermordung der Juden wenden würde, waren hoch, wenn auch durch fehlende vernehmbare Kritik an der vorhergehenden Verfolgungspolitik etwas gedämpft. Es besteht kein Zweifel daran, dass der Vatikan und der höchste katholische Würdenträger wie viele Regierungen weltweit gut über den Massenmord informiert waren. Dennoch blieb eine eindeutige öffentliche Verurteilung ebenso aus wie nachdrückliche diplomatische Interventionen hinter verschlossener Tür. Entsprechend harsch fiel nach dem Krieg vielfach die Kritik aus. In der Bundesrepublik gipfelte sie 1963 in einer vehement geführten Debatte anlässlich Rolf Hochhuths Theaterstück «Der Stellvertreter», in dem er das Schweigen des Papstes sehr kritisch in den Mittelpunkt stellte.

Der Vatikan hatte 1933 ein Reichskonkordat mit NS-Deutschland geschlossen und diesem so zu internationaler Reputation verholfen. Dies stand deutlichen Worten gegen die NS-Politik lange hinderlich im Weg. Die Katholische Kirche war in der Regel vor allem um Abwehr staatlicher Übergriffe in kirchliche Belange bemüht, nur einzelne Kirchenvertreter zeigten Solidarität mit den Verfolgten und äußerten entsprechende Kritik, andere wiederum waren selbst von Antisemitismus durchdrungen und begrüßten viele antijüdische Maßnahmen. Diese verbreitete resignierte oder gar bejahende Hinnahme der NS-Politik in Deutschland trug wahrscheinlich erheblich zur Zurückhaltung im Vatikan bei. Hinzu kam, dass Papst Pius XII. zumindest zeitweise im Faschismus und Nationalsozialismus ein Bollwerk gegen eine vermeintlich drohende «Bolschewisierung» sah und er diese Gefahr stärker gewichtete als die Notwendigkeit einer Intervention gegen den Völkermord an den Juden. Althergebrachte religiös motivierte judenfeindliche Vorstellungen dürften in Teilen des Vatikans auch in den 1930er und 1940er Jahren noch wirksam gewesen sein und den Eifer, gegen die Verfolgung und Ermordung der mitunter noch immer als «Christus-Mörder» angesehenen Juden vorzugehen, gedämpft haben. Ob ein deutliches Wort von Pius XII. oder etwa Maßnahmen wie die Androhung oder der Vollzug der Exkommunikation von führenden Nationalsozialisten tiefgreifende Wirkung erzielt hätten, ist fraglich; dass das Ausbleiben desselben erheblichen moralischen Schaden nach sich zog, ist gewiss.

65. Was waren die IG Farben? IG Farben steht für Interessengemeinschaft Farbenindustrie, ein Zusammenschluss mehrerer Firmen (u. a. Bayer, BASF und Agfa), der lange Zeit das größte Unternehmen der Chemie- und Pharmabranche weltweit war. Das Frankfurter Unternehmen stand nach 1945 in der öffentlichen Wahrnehmung beispielhaft für die Beteiligung der deutschen Wirtschaft am Holocaust. Die IG Farben war von Anfang an um enge Beziehungen zur NS-Führung bemüht und unterstützte die NSDAP 1933 im Wahlkampf massiv. Hitler sah hier eine zentrale Allianz, da unter anderem die Expertise des Unternehmens bei der Herstellung synthetischen Kraftstoffes von strategischer Bedeutung für den bereits fest im Kalkül verankerten Kriegsfall war.

Im Krieg wollte der Großkonzern die Produktion von künstlichem Treibstoff erheblich erweitern. Der Vorstand entschied daher, in Auschwitz eine Produktionsstätte aufzubauen. Die Stadt war verkehrsgünstig an einem Eisenbahnknotenpunkt gelegen, schien außerhalb der Reichweite alliierter Luftangriffe und versprach höchsten Profit, da das nahegelegene Konzentrationslager die Bereitstellung von 10 000 Gefangenen versprach, die als billige Arbeitskräfte das Werk unter miserabelsten Arbeitsbedingungen aufbauen sollten. Zur Steigerung der Effektivität wurde Mitte 1942 mit dem Bau eines neuen Lagerteils begonnen, der sich in unmittelbarer Nähe zur Baustelle befand, so dass An- und Abmarsch der Häftlinge weitgehend entfielen. In dem neuen Lager Auschwitz-Monowitz waren insgesamt mindestens 35 000 Gefangene untergebracht, rund 23 000 von ihnen kamen ums Leben, zu Tode geprügelt und geschunden von den Wachleuten oder an Hunger, Entkräftung und Krankheiten gestorben. Die Produktionsanlage in Auschwitz, für deren Errichtung man willentlich den Tod tausender Menschen in Kauf nahm, wurde nie fertiggestellt.

Nach dem Krieg war 1947/48 einer der Nürnberger Nachfolgeprozesse, die die amerikanische Besatzungsmacht durchführte, der IG Farben gewidmet. Führende Vorstandsmitglieder und Mitarbeiter mussten sich wegen der Beteiligung an Verbrechen gegen die Menschlichkeit sowie anderer Vergehen verantworten. Ein Teil der Angeklagten erhielt Freiheitsstrafen von bis zu acht Jahren Gefängnis, wurde aber bis spätestens 1951 wieder auf freien Fuß gesetzt. Der Konzern wurde aufgeteilt. In einem Prozess, der von 1950 bis 1953 dauerte, setzte der Monowitz-Überlebende Norbert Wollheim Entschädigungsansprüche durch, die in einen Vergleich über 30 Millionen DM für jüdische ehemalige Zwangsarbeiter des Konzerns mündeten. An Norbert Wollheim erinnert seit 2008 das Wollheim Memorial, das sich vor der ehemaligen Firmenzentrale der IG Farben befindet, die heute Sitz der Goethe-Universität Frankfurt ist.

Institutionen und Ereignisse

66. Gab es eine Zentrale, die den Holocaust organisierte? Der Holocaust war ein Massenverbrechen, an dem viele Ministerien, Behörden und Institutionen beteiligt waren. Eine Zentrale im engeren Sinne hat es daher nicht gegeben. Allerdings liefen viele Fäden in Berlin im Reichssicherheitshauptamt (RSHA) zusammen, das Ende September 1939 in Berlin gegründet wurde und sich rasch zu einer zentralen Instanz des Holocaust entwickelte. Es setzte gewissermaßen einen institutionellen Schlusspunkt unter einer Entwicklung, die die Nationalsozialisten, namentlich der Reichsführer SS Heinrich Himmler, bereits 1933 angestoßen und forciert hatten – die Verschmelzung von SS und Polizei. Im RSHA verschmolzen die Sicherheitspolizei, die Geheime Staatspolizei, die Kriminalpolizei sowie der Sicherheitsdienst der SS (SD) zu einer Einrichtung, in der nun die Verfolgungspolitik der Nationalsozialisten in wichtigen Bereichen vorgedacht, koordiniert und in die Praxis umgesetzt wurde. Reinhard Heydrich, der bisherige Chef der Sicherheitspolizei und des SD, leitete das neue Amt, bis er im Juni 1942 durch ein Attentat tschechischer Widerstandskämpfer ums Leben kam. Nach einer Übergangszeit, in der Heinrich Himmler selbst die Führung übernahm, stand der Österreicher Ernst Kaltenbrunner an der Spitze des RSHA.

In der Prinz-Albrecht-Straße, wo es seinen Sitz hatte, bündelte sich nun die Überwachung der politischen und rassischen Gegner wie Kommunisten, Sozialdemokraten, Homosexuellen, Sinti und Roma, der Zeugen Jehovas und selbstverständlich auch der Juden. Die Tätigkeit der Einsatzgruppen und ihre Morde, die Deportationen aus ganz Europa und der Massenmord in den Lagern wurden hier von Männern wie Adolf Eichmann, Franz Nowak, Bruno Streckenbach, Otto Ohlendorf und anderen koordiniert. Eine große Gruppe von ihnen bildeten junge Juristen, geboren in den ersten Jahren des 20. Jahrhunderts, die sich in den zwanziger und dreißiger Jahren an den Universitäten früh völkisch radikalisiert hatten und nun in dieser neuen Institution glänzende Karrieremöglichkeiten geboten bekamen, auf Posten, auf denen sie ihre Weltanschauung in die Tat umsetzen konnten. Diese «Generation des Unbedingten», wie der Historiker Michael Wildt sie nennt, musste sich zudem in der Regel auch «im Osteinsatz» bewähren und wurde in den Einsatzgruppen oder an anderer Stelle eingesetzt. Mit wenigen Ausnahmen wie Ernst Kaltenbrunner oder Adolf Eichmann wurde die Elite des RSHA nach dem Krieg für ihre Verbrechen nicht zur Rechenschaft gezogen.

67. War die SS nur das «Alibi einer Nation» oder war sie die Elitetruppe des Völkermords? Lange Zeit galt Heinrich Himmlers SS nach dem Krieg nicht nur als federführend bei der Verfolgung und Ermordung der Juden. Die SS-Männer wurden zudem vielfach als Sadisten und Mischung aus gescheiterten Existenzen und eiskalten genialischen bzw. faustischen Charakteren beschrieben, denen die alleinige Verantwortung für den Holocaust zugewiesen wurde. So entlastete sich die postnationalsozialistische Gesellschaft ebenso plump wie lange Zeit erfolgreich selbst und machte die SS zum «Alibi einer Nation», wie der englische Forscher Gerald Reitlinger sie 1956 treffend nannte. An die Stelle dieser überkommenen Zerrbilder ist heute dank vielfältiger Forschung ein differenziertes und facettenreiches Bild getreten.

Die 1923 und nach einem Verbot 1925 erneut als Schutzstaffel gegründete SS entwickelte sich nach der Machtübernahme 1933 zur zentralen Organisation des NS-Terrors in Deutschland und später in den besetzten Gebieten. Heinrich Himmler, der sie seit 1927 anführte, baute ihre Machtposition gezielt aus, indem er beispielsweise die SA ausbootete und mit den Konzentrationslagern und durch die zunehmende Verschmelzung mit der Polizei den Wirkungskreis der SS erheblich ausweitete. Das Bild, das die SS bot, war vielfältig – zum einen waren da die vielen brutalen, auch sadistischen niederen Chargen, die in den Lagern die ihnen wehrlos ausgelieferten Gefangenen quälten, zum anderen gab es den kühlen und intelligenten Gestapo-Mann nicht nur in der NS-Propaganda. Schließlich agierten abseits der Öffentlichkeit junge Akademiker in den Reihen der SS und ihres

Sicherheitsdienstes, die sich in den völkischen Milieus an den Universitäten in den zwanziger und dreißiger Jahren radikalisiert hatten und als gut ausgebildete, oft promovierte Elite vornehmlich junger Juristen die rassistische Verfolgungspraxis nüchtern planten und vorantrieben. Diese jungen Weltanschauungstäter stellten in großer Mehrheit das Führungskorps der Sicherheitspolizei und des Reichssicherheitshauptamtes (RSHA). Dort trieben sie in zahlreichen Denkschriften und Besprechungen, aber auch in der Praxis als Führer der mobilen Einsatzgruppen und Sonderkommandos sowie als Befehlshaber regionaler SS- oder Sicherheitspolizeidienststellen in den besetzten Gebieten den Mord an den europäischen Juden voran. Zu dieser Gruppe gehörten auch die «Eichmann-Männer» (Hans Safrian) aus Adolf Eichmanns Referat im RSHA, die wie Alois Brunner oder Dieter Wilesceny als Spezialisten in die jeweiligen besetzten oder verbündeten Länder kamen und mit Nachdruck auf die Deportation der dortigen Juden drängten und sich bemühten, auftauchende Schwierigkeiten und Hürden aus dem Weg zu räumen. Zwischen diesen beiden «Polen» gab es in den Reihen der Täter und Mörder in der SS in den Lagern, Gestapo-Dienststellen, Terrorzentralen und Einsatzgruppen viele Facetten und Schattierungen von Verhaltensweisen bis hin zu Fällen wie Arthur Nebe, der als Chef der Kriminalpolizei wesentlich für die Verfolgung von Homosexuellen oder Sinti und Roma und einige Monate als Leiter der Einsatzgruppe B für die Ermordung von zehntausenden Juden verantwortlich war. Er hatte später Verbindungen zum Widerstandskreis um Hans Oster im Amt Abwehr, wurde denunziert, in einem Konzentrationslager inhaftiert und kurz vor Kriegsende getötet.

In allen Bereichen ihres Wirkens war die SS auf die Unterstützung und Mitwirkung vieler weiterer Institutionen angewiesen, deren Protagonisten nach 1945 nachdrücklich am Bild einer allein verantwortlichen SS mitzeichneten, um sich selbst und ihre Behörden reinzuwaschen. Die Zivilverwaltungen aller Ebenen waren sowohl in Deutschland als auch in den besetzten Ländern an den meisten Etappen der Verfolgung und Ermordung der Juden aktiv beteiligt, mitunter waren sie gar treibende Kraft, weil die verantwortlichen

Beamten die Juden in ihrem Zuständigkeitsbereich möglichst schnell «loswerden» wollten. Nach dem Krieg schufen diese Beamten den Mythos einer sauberen Verwaltung, die nach Kräften versucht habe, sich der verbrecherischen SS entgegenzustellen. Diese Legendenstrickerei verfing vielfach, und viele der Täter in den Reihen der Beamtenschaft gingen straffrei aus und konnten ihre Karrieren nahezu bruchlos fortsetzen. Das Bild vom Holocaust als ein arbeitsteiliges Verbrechen vieler beteiligter Personen und Institutionen weit über den SS- und Polizeiapparat hinaus hat sich gegen Widerstände erst spät und sehr langsam durchgesetzt.

68. Was war ein Judenrat? In vielen Orten im besetzten Polen, in die deutsche SS-Männer, Polizisten und Beamte einzogen, gab es einen hohen jüdischen Bevölkerungsanteil. Überall dort, wo es Juden in nennenswerter Zahl gab, befahlen die deutschen Besatzer die Einrichtung eines sogenannten Judenrats. Dieses Gremium, das in kleineren Orten in der Regel 12, in größeren meist 24 Mitglieder hatte, sollte die Befehle der Deutschen umsetzen und persönlich dafür haften, dass diese von allen Juden eingehalten wurden. Eigene Gestaltungsspielräume hatten die Mitglieder des Judenrats nur wenige. Oft zogen die Besatzer jüdische Funktionäre und Honoratioren der Vorkriegszeit heran, die ihnen benannt wurden oder deren Namen sie bereits kannten. Mancherorts konnten sich die Betreffenden der schwierigen Aufgabe ohne Konsequenzen entziehen und eine Berufung ablehnen, oft standen dem aber Zwang und Gewalt entgegen. Auch in den später besetzten sowjetischen Gebieten und in den anderen besetzten Ländern wurden Judenräte eingerichtet.

Die Bedeutung der Judenräte wuchs mit zunehmender Dauer der Besatzungsherrschaft tendenziell in dem Maße, in dem sich die Bewegungsfreiheit der jüdischen Bevölkerung verringerte. Die Judenratsmitglieder mit ihrem Vorsitzenden bzw. Ältesten oder Präses an der Spitze standen vor dem kaum lösbaren Dilemma, auf der einen Seite die Anordnungen der Deutschen unbedingt umsetzen zu müssen, auf der anderen Seite die Erwartungen und Forderungen der Menschen, ihre Not zu lindern und ein Überleben zu ermöglichen, zu erfüllen. Mit dieser Zwangslage gingen die Judenräte, auch je nach lokalen Begebenheiten, recht unterschiedlich um. Das Spektrum reicht von beinahe willfähriger, autoritärer «Herrschaft» bis hin zu Versuchen, mit allen Mitteln, die Anordnungen zu unterlaufen, und einer Unterstützung des örtlichen organisierten jüdischen Widerstands. In Lachwa, einer Stadt in Weißrussland, führte der Judenratsvorsitzende Dov Lopatyn den Aufstand und kollektiven Ausbruch der Juden aus dem Ghetto sogar an. An den Überlebenschancen der Vorsitzenden des Judenrats, fast immer waren es Männer, änderte ihre Haltung kaum etwas; meist wurden auch sie deportiert und ermordet. Schätzungen zufolge wurden 80 Prozent der Judenratsmitglieder getötet.

Das Verhalten der Judenräte war bereits während des Holocaust starker Kritik ausgesetzt: Einzelne Maßnahmen wurden abgelehnt, der Führungsstil als selbstherrlich gebrandmarkt, Korruption beklagt, und vor allem wurde ihnen angelastet, bei der Auswahl derjenigen mitgewirkt zu haben, die deportiert werden sollten. Dass dabei die ihnen unterstellten jüdischen Polizisten oft recht brutal vorgingen, lastete man ebenfalls den Judenräten an. Nach dem Krieg wurde diese Debatte von Überlebenden und anderen erbittert weitergeführt. Zu den umstrittensten Vorsitzenden eines Judenrats gehört zweifellos Mordechai Chaim Rumkowski, der in Lodz diesem Gremium vorstand, bis er im August 1944 nach Auschwitz-Birkenau deportiert und dort ermordet wurde. Aber auch Judenratsvorsitzende wie Adam Czerniaków, der sich im Juli 1942 einer Mitwirkung bei den Deportationen entzog, indem er sich das Leben nahm, waren zu Lebzeiten und darüber hinaus umstritten.

69. Gab es eine jüdische Polizei? In vielen Orten im deutsch besetzten Ostmitteleuropa gab es den sogenannten jüdischen Ordnungsdienst (OD), der bisweilen auch jüdische Polizei oder Ghettopolizei genannt wurde. Der OD wurde von den Judenräten oft noch vor der Ghettoisierung auf Befehl der Besatzer gegründet. Die Rekrutierung führte der Judenrat nach Kriterien durch, die die Deutschen vorgaben. Diese betrafen Alter, Größe, Gesundheit und anderes mehr. Der Dienst im OD war sehr umstritten; während einige politische Gruppierungen ihre Mitglieder unter allen Umständen davon abhalten wollten, da man darin bereits eine Art von Kollaboration sah, versuchten andere, gezielt Personen dort einzuschleusen, um von innen heraus etwas für die eigene Partei oder darüber hinaus bewirken zu können.

Allgemein standen die OD-Männer dem Judenrat als Exekutive zur Durchsetzung seiner Maßnahmen zur Verfügung. Dazu gehörte die Vollstreckung von Bußgeldern, Abgaben und Steuern sowie von Maßnahmen zur Desinfektion und Ähnliches mehr, die Festnahme von Personen, die beispielsweise von einem Ghettogericht verurteilt worden waren, ihre Bewachung im Ghetto-Gefängnis, Wachdienste bei Arbeitskommandos außerhalb des Ghettos, die Bewachung der Ghettogrenzen an der Innenseite und anderes mehr. Eine mit zusehends schlechterer Versorgungslage grassierende Korruption unter den OD-Männern und brutales Auftreten einiger brachte dieser Einrichtung schon früh viel Unmut ein. Die Rolle, die der OD im Vorfeld der Deportationen in die Vernichtungslager spielte, stieß schließlich auf Abscheu und bittere Kritik in der Ghettobevölkerung. Viele OD-Männer fügten sich dem Druck und leisteten Hilfsdienste: Sie holten Menschen aus ihren Wohnungen und führten sie zu den Zügen, sie zwangen sie in die Waggons, sie riegelten Straßenzüge ab, suchten nach Verstecken. Häufig wendeten sie dabei Gewalt an, sei es, weil sie zu Brutalitäten neigten, sei es, weil sie im Glauben handelten, damit sich und ihre Familie retten zu können. Einige OD-Männer hielten dieser Belastung nicht mehr stand, sie entschieden sich, ihren Dienst zu quittieren und sich den anderen Menschen anzuschließen. Manche hatten Verbindungen zum organisierten Widerstand und versuchten nach Kräften, Menschen vor der Deportation zu bewahren, Widerstandskämpfer zu warnen oder zu befreien.

Bereits während der deutschen Besatzungsherrschaft wurde über Angehörige des jüdischen Ordnungsdienstes gerichtet. Jüdische Untergrundgruppen verurteilten das Verhalten einzelner OD-Männer oder ihrer Anführer und vollstreckten Urteile. Der Chef des Ordnungsdienstes im Warschauer Ghetto, Jakob Lejkin, zum Beispiel wurde von der Jüdischen Kampforganisation im Oktober 1942 getötet. Nach der Befreiung verlief die Ahndung des Verhaltens einzelner OD-Männer in geordneten Bahnen. Jüdische Gerichte befassten sich in zahlreichen befreiten Ländern mit dem Fehlverhalten von einzelnen Funktionären der Judenräte oder Angehörigen des Ordnungsdienstes. In Israel kam es zu einigen Prozessen gegen ehemalige jüdische Polizisten.

Während manche Angehörige des OD ihre Position ausnutzten und keine Skrupel verspürten, litten andere sehr unter ihrer Zwangslage. Einige verhandelten ihre Zweifel und ihre Skrupel in Zeugnissen, die sich bisweilen zwischen Rechtfertigungsschriften, Selbsthass und Anklage bewegen. Calel Perechodnik zum Beispiel, der im Ghetto von Otwock beim OD war, schrieb 1944 im Versteck die «Beichte meines Lebens», wie er seinen Bericht nennt, der unter dem Titel «Bin ich ein Mörder?» 1997 in gekürzter Fassung auf Deutsch erschien.

70. Um welchen Einsatz ging es bei den Einsatzgruppen? Bekannt geworden sind diese mobilen Einheiten, die aus Polizisten sowie SS-Männern und Angehörigen des Sicherheitsdienstes (SD) der SS bestanden, durch die Massenmorde, die sie ab dem 22. Juni 1941 in den besetzten sowjetischen Gebieten verübten. Die vier Einsatzgruppen A, B, C und D waren bestimmten Heeresgruppen zugeordnet, in deren Bereich sie aktiv wurden. Untergliedert waren die Einsatzgruppen in sogenannte Sonderkommandos. Die insgesamt rund 3000 Mann erschossen in den eroberten Orten zunächst vor allem männliche Juden und kommunistische Funktionäre, gingen nach einigen Wochen aber zur unterschiedslosen Ermordung aller Juden über. Überdies erschossen sie auch Roma und Anstaltspatienten. Dabei halfen ihnen Polizeibataillone der deutschen Ordnungspolizei, einheimische Polizeikräfte und Wehrmachteinheiten. Die Morde der Einsatzgruppen in den eroberten sowjetischen Gebieten markieren den Übergang von einzelnen Tötungsaktionen zum umfassenden Mord an allen Juden. Sie setzten eine Dynamik des Massenmords in Gang, die in Etappen und zusätzlich angestoßen durch parallele regionale Initiativen schließlich zur systematischen Ermordung der europäischen Juden führte. Insgesamt ermordeten die Männer der Einsatzgruppen innerhalb kurzer Zeit weit über 500 000 Menschen. Angehörige der Einsatzgruppen, die nach Kriegsende vor Gericht gestellt wurden, reklamierten einen Befehlsnotstand für sich. Sie verbreiteten die These, ihnen sei vor dem Einsatz in der Sowjetunion ein umfassender Führerbefehl bekanntgemacht worden. Diese lange auch in der Forschung übernommene Schutzbehauptung gilt heute als widerlegt.

Außer in der besetzten Sowjetunion waren die Einsatzgruppen der Sicherheitspolizei und des SD zudem in nahezu allen anderen besetzten Ländern sowie im Zuge der Annexion Österreichs aktiv. Kern ihrer Aufgaben war die polizeiliche Sicherung der Gebiete, wozu die Verhaftung zahlreicher politischer Gegner und die Beschlagnahme von Dokumenten gehörte. Bereits während des Überfalls auf Polen übten die Angehörigen der Einsatzgruppen eine Mordpraxis ein, die sie in der Sowjetunion später weitertrieben und radikalisierten. In Polen waren insgesamt 7 Einsatzgruppen mit rund 2700 Mann aktiv. Sie sollten in erster Linie die polnische Elite ausschalten, um das Wiederentstehen eines polnischen Staates für immer unmöglich zu machen. Im Zuge dessen ermordeten sie tausende polnische Intellektuelle, Priester, Anwälte und andere, aber es kam auch hier immer wieder zu Morden an Juden.

Einer der sogenannten Nürnberger Nachfolgeprozesse war den Verbrechen der Einsatzgruppen in den besetzten sowjetischen Gebieten gewidmet. Angeklagt war hier unter anderen Otto Ohlendorf, der die Einsatzgruppe D angeführt hatte. Seine Einlassungen haben das Bild der Einsatzgruppen über lange Zeit hinweg geprägt.

71. War die Ermordung der Juden ein Konferenzbeschluss? Bis heute hält sich hartnäckig die Fehlinformation, auf der Wannsee-Konferenz am 20. Januar 1942 sei die Ermordung der Juden beschlossen worden. Die in ihrer Bedeutung für den Holocaust weit überschätzte Zusammenkunft von vielfach zweitrangigen Funktionären aus Ministerien, Sicherheitsbehörden und Besatzungsapparaten fand zu einem Zeitpunkt statt, als bereits hunderttausende Juden erschossen waren und mit Kulmhof das erste Vernichtungslager mit dem Morden begonnen hatte. Weder der Zeitpunkt noch der Teilnehmerkreis waren geeignet für einen Beschluss solcher Tragweite.

Eingeladen zu der Konferenz in der Villa Am Großen Wannsee 56–58 hatte Reinhard Heydrich, der Chef des Reichssicherheitshauptamtes (RSHA). Heydrich wollte mit dem Treffen seine Position stärken und seine Zuständigkeit für das Gebiet untermauern. Überdies ging es ihm darum, Grundsatzfragen rund um die Ermordung der Juden zu besprechen, etwa die Behandlung der sogenannten Mischlinge. Die 15 Teilnehmer waren neben Heydrich selbst Adolf Eichmann (RSHA), Otto Hofmann (Rasse- und Siedlungshauptamt der SS), Rudolf Lange (RSHA), Heinrich Müller (Chef der Gestapo), Eberhard Schöngarth (Kommandeur der Sicherheitspolizei im Generalgouvernement), Joseph Bühler (Staatssekretär, Regierung des Generalgouvernements), Roland Freisler (Staatssekretär im Reichsjustizministerium), Gerhard Klopfer (Parteikanzlei der NSDAP), Friedrich Wilhelm Kritzinger (Unterstaatssekretär, Reichskanzlei), Georg Leibbrandt (Hauptabteilungsleiter im Reichsministerium für die besetzten Ostgebiete), Martin Luther (Unterstaatssekretär im Auswärtigen Amt), Alfred Meyer (Staatssekretär im Reichsministerium für die besetzten Ostgebiete), Erich Naumann (Staatssekretär beim Beauftragten für den Vierjahresplan) und Wilhelm Stuckart (Staatssekretär im Reichsinnenministerium). Dieser Personenkreis macht deutlich, dass es um eine arbeitsteilige Aufgabe ging, in die Polizei, SS, Partei, Justiz und Zivilverwaltung eingebunden waren und bei der Vertreter aller dieser Bereiche auch mitreden wollten. Die Herren kannten die Grundlage, auf der sie berieten – die bereits begonnene Ermordung der Juden. Vor diesem Hintergrund besprachen sie den Umfang des Mordens, indem sie zum Beispiel diskutierten, wie mit «Mischlingen» zu verfahren sei. Grundsätzliche Einwände gegen das Staatsverbrechen erhob keiner der Anwesenden, im Gegenteil – Staatssekretär Bühler zum Beispiel wünschte, es möge «mit der Endlösung dieser Frage im Generalgouvernement begonnen» werden, weil dem keine Transportschwierigkeiten im Wege stünden.

Nach dem Krieg kam die Besprechung nur durch Zufall ans Licht, da amerikanische Ermittler in den Akten des Auswärtigen Amts auf ein Exemplar des Protokolls stießen, das Adolf Eichmann geschrieben und an alle Teilnehmer geschickt hatte. Obwohl Eichmann sich bemüht hatte, den Gesprächsgegenstand mit Hilfe einer Tarnsprache in Nebel zu hüllen, offenbarte das zynische Protokoll den wahren Charakter der Besprechung und seiner Teilnehmer.

Die Villa am Großen Wannsee diente nach dem Krieg lange Zeit als Schullandheim. Der Überlebende und Historiker Josef Wulf setzte sich viele Jahre vergeblich dafür ein, in der Villa ein Dokumentationszentrum einzurichten. Erst 1986, zwölf Jahre nach Wulfs Tod, wurde dies aufgegriffen, und der Berliner Senat setzte eine Kommission ein; 1989 folgte die Umwidmung der Villa zur Gedenkstätte, die 1992 schließlich eröffnet wurde.

Widerstand und Hilfe

72. Was war der Warschauer Ghetto-Aufstand? Der Aufstand im Warschauer Ghetto im April/Mai 1943 war das sichtbarste und bekannteste Zeichen jüdischen Widerstands gegen die Nationalsozialisten. Einige hundert Kämpfer verschiedener politischer Richtungen, die sich in einer Jüdischen Kampforganisation zusammengeschlossen hatten, kämpften mit Waffengewalt gegen SS und Polizei. In der Nacht vom 18. auf den 19. April 1943 hatte die deutsche Polizei das Ghetto umstellt und am nächsten Morgen drangen Einheiten ins Ghetto vor. Aus Warschau sollten alle Betriebe mit ihren jüdischen Arbeiterinnen und Arbeitern in den Distrikt Lublin verlegt und das Ghetto anschließend dem Erdboden gleichgemacht werden, so sah es ein Befehl Himmlers vor. In den Wochen zuvor hatte man mehr oder weniger auf Freiwilligkeit gesetzt, doch die meisten Menschen meldeten sich nicht, weil sie Schlimmeres hinter der Aktion befürchteten. Daher sollten SS und Polizei nun mit Gewalt vorgehen und das Ghetto räumen. Ein erster Versuch im Januar 1943 war vorzeitig abgebrochen worden, weil die Deutschen auf bewaffnete Gegenwehr gestoßen waren. Daher waren sie Mitte April auf Widerstand gefasst, als sie in den Morgenstunden des 19. April ins Ghetto kamen. In der Tat, auch diesmal gab es bewaffneten Widerstand. Nach zwei Stunden heftigen Kampfes musste sich die Einheit zurückziehen. An anderer Stelle konnte die SS nach nur einer halben Stunde in die Flucht geschlagen werden. Diese Erfolge und die Tatsache, dass sie ein Dutzend Deutsche hatten töten können, versetzten die jungen Kämpferinnen und Kämpfer in Euphorie.

Dass so viele Seite an Seite kämpften, war keine Selbstverständlichkeit. Lange Zeit war der jüdische Widerstand gespalten in zahlreiche Gruppen und Parteien, die auch das politische Spektrum der polnischen Juden der Vorkriegszeit abbildeten. Die politischen Gegensätze waren mit der deutschen Besatzung und der Verfolgung nicht über Nacht verschwunden. Jede Gruppe verfolgte ihre eigene Strategie, veröffentlichte Untergrundzeitungen und anderes mehr. Erste Ansätze einer Bündelung der Kräfte kamen zu spät, um während der großen Deportationen von Juli bis September 1942 eine Rolle zu spielen. Viele Angehörige des Untergrunds fielen diesen selbst zum Opfer. Danach gewannen die Bestrebungen, sich gemeinsam gegen die Mörder zu stellen, an Dynamik. Allerdings stieß man an vielen Stellen auf Schwierigkeiten, weil nicht alle die Gegensätze hintanstellten. Auch praktische Hürden erschwerten die Arbeit – an Waffen war nur schwer heranzukommen und die Aktivisten litten selbst unter Hunger und Krankheiten.

Nach den Deportationen erhöhte sich jedoch der Zulauf, für viele junge Menschen gab es nun, da ihre Eltern und andere Angehörige deportiert und ermordet worden waren, nicht mehr das Hemmnis, auf jemanden Rücksicht nehmen zu müssen. Viele sannen auf Rache. Anfang Dezember 1942 gelang dann der Zusammenschluss der meisten Untergrundgruppen in der Jüdischen Kampforganisation, die rund 500 Mitglieder hatte; eine zweite große Organisation war der Jüdische Militärverband mit rund 250 Aktivisten. Es waren vor allem junge Menschen Anfang 20, die zum Kampf entschlossen waren und die vor dem Krieg vielfach in zionistischen Jugendorganisationen wie Hashomer Hazair, Akiba und anderen aktiv gewesen waren.

Ein erstes Signal ihrer Schlagkraft war im Oktober 1942 die Tötung von Jakob Lejkin, dem Chef des Ordnungsdienstes im Ghetto. Der Triumph über die SS im Januar 1943 tat schließlich ein Übriges, die Anziehungskraft des Widerstands zu erhöhen. Vor allem aber war der bewaffnete Akt im Januar ein Signal an den nichtjüdischen polnischen Widerstand, von dem jenseits der Kommunisten und Sozialisten kaum Unterstützung kam. Verbreiteter Antisemitismus und die Haltung, dass die Juden ihr Schicksal ja doch nur passiv hinnähmen, standen dem bis dahin im Wege. Nach dem Januar 1943 erhielt die Jüdische Kampforganisation nun erheblich bereitwilliger Waffen, da man außerhalb des Ghettos gesehen hatte, dass die Aktivisten zum Kampf nicht nur entschlossen, sondern auch in der Lage waren.

In den Tagen nach ihrer Anfangsniederlage mussten SS und Polizei zwar noch manchen Rückschlag und einige Todesopfer hinnehmen, sie gewannen aber schnell die Oberhand. Der SS-General Jürgen

Stroop, der nach dem ersten Tag den Warschauer SS- und Polizeiführer als Kommandant abgelöst hatte, ließ seine Einheiten nun das Ghetto Haus für Haus niederbrennen, um die Menschen zu zwingen aus ihren Verstecken zu kommen und die Kämpfer immer weiter in die Enge zu treiben. Nach den direkten Kämpfen in den ersten Tagen entwickelte sich der Aufstand daher schnell zu einem «Katz- und Maus-Spiel» und es kam nur noch vereinzelt zu direkten Konfrontationen der jüdischen Kämpfer mit den SS- und Polizeitruppen. Zunehmend mussten auch die Widerständler in ihren Bunkern ausharren, litten unter Wasser- und Nahrungsknappheit und wurden nach und nach von den Deutschen entdeckt oder unter den brennenden Häusern begraben. Als die Lage immer aussichtsloser wurde, organisierten sie mit Hilfe von Verbindungsleuten außerhalb des Ghettos Fluchtmöglichkeiten. Am 9. oder 10. Mai konnte Simcha Rotem eine kleine Gruppe durch die Abwasserkanäle aus dem schon in weiten Teilen zerstörten Ghetto schleusen. Ein bereitstehender Lastwagen brachte sie aus der Stadt heraus. Unmittelbar davor wurde der Bunker von den Deutschen aufgespürt, in dem sich die Leitung der Kampforganisation befand. Mordechai Anielewicz, der Kommandant, und die meisten anderen Kämpferinnen und Kämpfer konnten sich das Leben nehmen, bevor sie in die Hände der SS fielen. Am 16. Mai 1943 setzte Jürgen Stroop den symbolischen Schlusspunkt, indem er die große Synagoge an der Tlomackie-Straße sprengen ließ. Täglich hatte er Heinrich Himmler über die Niederschlagung des Widerstands und die Deportation der letzten Warschauer Juden auf dem Laufenden gehalten. Am 16. Mai notierte er triumphierend: «Es gibt keinen jüdischen Wohnbezirk in Warschau mehr.» Doch auch danach kämpften viele der überlebenden Aktivisten gegen die Deutschen. Nach der Befreiung gründeten manche von ihnen, darunter Zivia Lubetkin und Yitzhak Zuckerman, im Norden Israels den Kibbuz Lohamei HaGetaot, der ein Archiv und Museum beherbergt, in denen der jüdische Widerstand und jüdisches Leben dokumentiert werden. Einige der Kämpferinnen und Kämpfer, die den Krieg überlebten, haben Zeugnis abgelegt. Neben Zuckerman, Lubetkin und Simcha Rotem waren dies zum Beispiel Marek Edelman oder Hella Rufeisen-Schüpper.

Der Aufstand im Warschauer Ghetto war bei weitem nicht die einzige Erhebung in einem Ghetto, aber es war der größte und sehr bald schon bekannteste jüdische Widerstandsakt. Die Nachricht davon verbreitete sich noch während die Häuser brannten in aller Welt und er wurde ein zentrales Element der Erinnerung an den Holocaust. In New York zum Beispiel beging man schon 1944 den ersten Jahrestag des Aufstandsbeginns feierlich. Nach dem Krieg errichtete man in Warschau 1946 ein erstes Denkmal zur Erinnerung an den Widerstand, das 1948 zum fünften Jahrestag durch ein neues, monumentaleres ersetzt wurde. Hier fanden fortan die zentralen Gedenkfeierlichkeiten der kommunistischen Machthaber in Polen statt, die den jüdischen Widerstand im Warschauer Ghetto für sich vereinnahmten. Berühmt wurde das Denkmal im Westen durch den in der Bundesrepublik seinerzeit umstrittenen Kniefall Willy Brandts am 7. Dezember 1970.

73. Um was für eine Liste ging es in «Schindlers Liste»? Historisch korrekt hätte Steven Spielbergs Spielfilm «Schindlers Listen» heißen müssen, denn es gab nicht die eine Liste, die zur Rettung von über 1000 jüdischen Frauen und Männern beigetragen hat, sondern mehrere. Ihren Namen hat die Liste von dem deutschen Unternehmer Oskar Schindler, der 1939 nach Krakau ins besetzte Polen kam, um dort zu Reichtum zu gelangen – auf Kosten der unterdrückten Bevölkerung. Er übernahm eine Emailwarenfabrik und ließ dort Geschirr für die Wehrmacht herstellen, was ihm bald ein Vermögen einbrachte. Schindler war einer von vielen Glücksrittern, die in das besetzte Polen gekommen waren, dort viel Geld machten, ein Leben in Saus und Braus führten und sich die deutschen Besatzungsfunktionäre mit Schmiergeldzahlungen gefügig machten. Eine Voraussetzung für die schnelle Bereicherung war die Beschäftigung von vielfach jüdischen Zwangsarbeitern, deren Arbeitskraft billig zu haben war. Auch Schindler beschäftigte viele Juden aus dem nahegelegenen Krakauer Ghetto, behandelte sie aber besser als viele andere Unternehmer. Daher wurde seine Fabrik zu einem begehrten Arbeitsplatz. Mit der Zeit veränderte sich Schindler und sein finanzielles Eigeninteresse verlor mehr und mehr an Bedeutung zugunsten dem

Bemühen, den Juden zu helfen. Als die jüdischen Arbeitskräfte nach Auflösung des Krakauer Ghettos im März 1943 in das Lager Plaszow kamen, baute er einen engen Kontakt zu dem sadistischen und korrupten Lagerkommandanten Amon Goeth auf. Die entstandene Freundschaft konnte er ausnutzen, um die Genehmigung zur Errichtung eines eigenen Lagers für seine Arbeitskräfte auf dem Firmengelände zu erlangen, was für die betroffenen Menschen eine erhebliche Erleichterung war. Schindler gelang es mit Hilfe von Bestechungen, etliche Männer und Frauen von der Deportation freizukaufen. Mit viel Geld konnte er bei Goeth erreichen, dass fast 1200 Männer und Frauen von der Deportation nach Auschwitz und der Vergasung ausgenommen wurden. Sie sollten ihm nach Brünnlitz in Mähren folgen, wohin die Produktion wegen der nahenden Roten Armee verlagert wurde. Zu diesem Zweck mussten Listen mit den Namen aller Männer und Frauen, die er als Arbeitskräfte haben wollte, angefertigt werden. In Brünnlitz konnten so rund 1200 Männer und Frauen die Befreiung erleben, die Schindler, der nach dem Krieg in schwierigen Verhältnissen lebte, unterstützten. 1962 wurde er als «Gerechter unter den Völkern» geehrt. 1982 veröffentlichte der australische Autor Thomas Keneally seinen Roman «Schindlers Liste», dessen mehrfach oscarprämierte Verfilmung 1993 durch Steven Spielberg weltweiten Erfolg feierte. Seit 2010 erinnert ein Museum in der ehemaligen Emailwarenfabrik Schindlers an dessen Rettungstat und dokumentiert die deutschen Verbrechen im besetzten Polen.

74. Wie rettete Tuvia Bielski mit einer Befehlsverweigerung hunderten Menschen das Leben? Tuvia Bielski, ein Textilkaufmann aus der Nähe von Nowogrodek im heutigen Weißrussland, floh schon im Sommer 1941 in die Wälder. Seine drei Brüder halfen ihm, sie beschafften Waffen, gewannen weitere Verwandte für den Partisanenkampf und riefen andere Juden auf, sich ihnen anzuschließen. Bielski verhielt sich nicht wie ein typischer Partisan, im Gegenteil: Frauen, Kinder und Ältere, die seinen Aufrufen in den Ghettos auch gefolgt waren, wies er nicht zurück. Er wollte möglichst vielen das Überleben sichern, hierin sah er die Hauptmotivation für seinen

Widerstand. Überdies war ihm und seinen Mitkämpfern an Racheakten gelegen; sie töteten beispielsweise Weißrussen, die – als Polizisten oder als Nachbarn – Juden ermordet oder verraten hatten.

Die Gruppe im Wald wuchs rasch auf mehrere hundert Menschen an und entwickelte den Charakter einer Gemeinde, in der es sogar eine Synagoge und eine Schule gab. In einer solch großen Menge an nichtkämpfenden Personen sahen die sowjetischen Partisanen, zu denen Bielski engen Kontakt hatte, ein großes Hindernis im Kampf gegen die Deutschen. Als diese 1943 zu größeren Schlägen gegen die Partisanen der Region ansetzten, erhielt Tuvia Bielski vom sowjetischen Regionalkommandanten den Befehl, seine Gruppe ausschließlich auf Junggesellen zu reduzieren. Dies widersprach diametral Bielskis Anliegen, möglichst viele Menschen zu retten. Daher widersetzte er sich dem Befehl und nahm alle mit, als er sich tiefer in das Waldinnere zurückzog. So überlebten schließlich mehr als 1200 Menschen.

Bielskis Gruppe ist die bekannteste, aber bei weitem nicht einzige Gruppe, die aus jüdischen Kämpfern bestand, um die sich Familien scharten. Es gab in den waldreichen Regionen des besetzten Ostpolens, Weißrusslands und der Ukraine eine Reihe solcher Familienlager, in denen einige tausend Menschen den Holocaust überlebten. Die Bielski-Brüder, die in den fünfziger Jahren in die USA zogen, wurden in den neunziger Jahren durch ein Buch der Soziologin und Holocaustüberlebenden Nechama Tec bekannt, das Grundlage des Films «Defiance – Für meine Brüder, die niemals aufgaben» war. Der Spielfilm mit Daniel Craig in der Hauptrolle kam 2008 in die Kinos.

75. Gingen die Juden «wie die Schafe zur Schlachtbank»? Der Vorwurf, die Juden seien wie Schafe zur Schlachtbank gegangen, ohne sich zur Wehr zu setzen, wurde bereits von Zeitgenossen, Juden wie Nichtjuden, erhoben. Jüdische Aktivisten, die sich zum Widerstand entschlossen hatten, hielten dies der in ihren Augen passiven oder gar fatalistischen Masse vor. Der jüdische Schriftsteller Abba Kovner, der in und um Wilna als Partisan gegen die deutschen Besatzer kämpfte, forderte die Juden der Stadt auf, sich «nicht wie die Schafe zur Schlachtbank» führen zu lassen. Nichtjuden sahen lange Zeit pauschal in Juden jene Schafe, die klag- und vor allem tatenlos jede weitere Diskriminierungsstufe sogar bis hin zum Gang in den Tod hinnehmen würden.

Der Vorwurf geht allerdings fehl. Er lässt vielfältige Formen jüdischen Widerstands ebenso wie seine Dimensionen außer Acht und ignoriert überdies seine spezifischen Ausgangsbedingungen und Schwierigkeiten. Es hat im gesamten Herrschaftsgebiet der Nationalsozialisten facettenreiche Abwehrmaßnahmen gegeben. Legt man zugrunde, dass den Verfolgern auch an einer Entwürdigung und Isolierung der Juden gelegen war, kann man jede Handlung dagegen als eine Art von Widerstand ansehen, die sich als kulturelle oder soziale Selbstbehauptung bezeichnen lässt und die für die betroffenen Menschen einen enormen Stellenwert hatte. Hierzu gehörten beispielsweise Formen der Solidarität und Hilfe, die in den Ghettos organisiert wurden: Suppenküchen für die Ärmsten, spezielle Hilfen für Waisenkinder, aber auch kulturelle Aktivitäten wie Theateraufführungen, Konzerte oder Lesungen, die halfen die Moral zu heben. Auch jeder Akt, der dazu beitrug, dass sich Einzelne oder mehrere der Verfolgung und Ermordung entziehen konnten, lassen sich als Widerstand einordnen. Darunter fällt die Fälschung von Dokumenten, um untertauchen zu können oder Menschen von Deportationslisten zu entfernen und Ähnliches mehr.

Jenseits solcher Verweigerung gab es jedoch auch einen breiten, «klassischen» Widerstand jüdischer Männer und Frauen, die gegen ihre Verfolger kämpften. In den besetzten Ländern in Ost und West kämpften Juden in den Reihen von Partisanenverbänden, zudem gab es rein jüdische Kampfeinheiten. An vielen Orten etablierten sich Gruppen, die zunächst Aufklärungsarbeit betrieben, weitere Anhänger rekrutierten und schließlich zu bewaffneten Aktionen übergingen, seien dies Anschläge auf deutsche Besatzer wie in Krakau oder die Vorbereitung und Durchführung von bewaffneten Erhebungen in Ghettos wie Warschau, Lachwa oder Białystok. Auch in den Arbeits-, Konzentrations- und Vernichtungslagern gab es organisierten jüdischen Widerstand, der beispielsweise in Auschwitz-Birkenau im Oktober 1944, in Treblinka im August 1943 und in Sobibor im Oktober 1943 in bewaffnete Aufstände mündete.

Juden, die zum Widerstand entschlossen waren, mussten besondere Schwierigkeiten und Hürden überwinden. Die Juden waren im Deutschen Reich wie auch in den besetzten Ländern durch die Politik der Nationalsozialisten weitgehend isoliert. Ein verbreiteter Antisemitismus in vielen Regionen verschärfte dies zusätzlich. Mit voranschreitender Dauer der Verfolgung nahm dies zu, wie auch zusehends eine Verelendung durch Mangelversorgung um sich griff, so dass in den Lagern und Ghettos beispielsweise viele schon nach kurzer Zeit physisch zu aktivem Widerstand gar nicht mehr in der Lage waren. Schließlich nahm der Verfolgungsdruck zu. Selbst wer körperlich in der Lage war und es schaffte, aus einem Ghetto zu fliehen oder mit falschen Papieren unterzutauchen, und Kontakt zu nichtjüdischen Widerstandskämpfern etwa der Resistance im besetzten Frankreich oder der Heimatarmee im besetzten Polen aufnehmen konnte, wurde oft zurückgewiesen, wenn nicht gar getötet, da auch in diesen Verbänden Antisemitismus keine Seltenheit war oder weil man in der Aufnahme von Juden ein unnötiges zusätzliches Risiko sah. In Lagern wie Auschwitz oder Treblinka wirkten all diese Hemmnisse in potenzierter Form. Trotz all dieser und weiterer unüberwindbar scheinender Hürden erreichte der Widerstand von Juden unter schwierigsten Bedingungen ein Ausmaß, das dem so mancher nichtjüdischer Gesellschaften der besetzten Länder oder im Deutschen Reich nicht nachsteht.

76. Warum war Chaika Grossmans Haarfarbe wichtig für den jüdischen Widerstand? Chaika Grossman wurde 1920 im nordostpolnischen Białystok geboren. Wie viele junge Jüdinnen und Juden war sie vor dem Krieg in der zionistischen Jugendbewegung aktiv, in der die Gleichberechtigung von Mann und Frau eine wichtige Rolle spielte. Nach der deutschen Besetzung der Stadt im Juni 1941 war sie aktiv am Aufbau des Widerstands beteiligt und wurde Mitglied der Leitung der zentralen Widerstandsorganisation. Chaika Grossman gehörte zu denjenigen jungen Frauen, die als Kurierinnen zwischen den verschiedenen Widerstandszentren in den Ghettos von Wilna, Warschau und Białystok dienten. Sie sorgten für einen permanenten Gedankenaustausch, zudem schmuggelten sie und andere Frauen auch die dringend benötigten Waffen in Ghettos. Chaika Grossman war für die Rolle einer Verbindungsfrau die Idealbesetzung, da sie enge Kontakte nach Wilna hatte und sich dort auskannte. Überdies verfügte sie über das, was sie «gutes bzw. arisches Aussehen» nannten, sie hatte blonde Haare und keine vermeintlich typisch jüdischen Gesichtszüge. Dies war ein enormes Kapital für den Widerstand, verringerte es doch das Risiko von Kontrollen erheblich, zumal Chaika im Unterschied zu manch anderen jiddisch sozialisierten Mitstreitern fließend und akzentfrei Polnisch sprach – eine weitere unabdingbare Voraussetzung für die gefährliche Arbeit. Bis auf wenige Ausnahmen waren es Frauen, die die wichtigen Kurierdienste übernahmen, weil die Männer allein schon durch ihre Beschneidung als Juden zu identifizieren waren. Die Rolle der Frauen im jüdischen Widerstand beschränkte sich nicht auf die gefährlichen Reisen, sie standen vielmehr Seite an Seite mit ihren männlichen Kampfgefährten in den Ghettos oder den Kampfeinheiten außerhalb. Chaika Grossman zum Beispiel kämpfte im Ghetto-Aufstand von Białystok im August 1943. Sie überlebte und lebte später in Israel, wo sie 1948/49 ihre Erinnerungen schrieb, die erst Anfang der neunziger Jahre auf Deutsch erschienen.

77. Was war das Ringelblum-Archiv? Angesichts des Willens der Nationalsozialisten zur totalen Auslöschung jüdischen Lebens und der Erinnerung daran kann man die Dokumentation des Alltags und des Sterbens der Juden unter deutscher Herrschaft durchaus als einen Akt des Widerstands begreifen. Eine solche Initiative bildete sich 1940 um den jüdischen Historiker Emanuel Ringelblum in Warschau. Unmittelbar nach der Abriegelung des Ghettos trafen sich Gleichgesinnte am 22. November in Ringelblums Wohnung und besprachen die Grundzüge des geheimen Archivs, das auch vor den jüdischen Institutionen verborgen bleiben sollte. Die Gruppe, die sich Oneg Shabbat, Freude am Sabbat, nannte, knüpfte unter schwierigsten Bedingungen an innovative Methoden und Themen der jüdischen Forschung der Zwischenkriegszeit an: Im Fokus stand eine Alltagsgeschichte der Juden, in der die Rolle von Frauen, das besondere Los von Kindern und das Leben all derer in den Blick genommen werden sollten, die selbst keine Zeugnisse hinterlassen. Um ein möglichst breites Bild einzufangen, sammelten sie neben Tagebüchern, Erinnerungsskizzen, Plakaten und Zeitungen auch Material, das sie selbst erstellten oder initiierten. Hierzu gehörte eine Sammlung von kursierenden Witzen und Anekdoten oder ghettosprachlichen Ausdrücken. Sie starteten Aufsatzwettbewerbe unter Kindern, die ihre Erfahrungen während der Besatzung schildern sollten. Interviews wurden durchgeführt, um auch die Stimmen derjenigen einzufangen, die nicht schrieben. Sie gaben Reportagen über Alltagsphänomene des Ghettos wie das Straßenleben, Bettler, die Suppenküchen und anderes mehr in Auftrag. Das Material, das nicht nur über die Situation in Warschau, sondern im gesamten deutsch besetzten Polen gesammelt wurde, sollte Grundlage für eine großangelegte Kollektivmonographie über jüdisches Leben unter deutscher Herrschaft werden, die konzipiert und begonnen, aber wegen der Deportationen im Sommer 1942 nie abgeschlossen wurde. So vielfältig wie die Themen und Materialien waren, so vielseitig waren auch die beteiligten Personen: Szymon Huberband, ein Rabbiner, erstellte Beiträge über das religiöse Leben im Ghetto, Lehrer wie Abraham Lewin oder Bluma Wasser gehörten dazu sowie die Journalistin und Schriftstellerin Rachel Auerbach, die im Ghetto eine Suppenküche leitete und darüber schrieb.

Die Gruppe besaß vielfältige Kontakte, auch zu Gruppen des jüdischen Widerstands, deren Untergrundzeitungen man ebenfalls sammelte. Einen der größten Erfolge erzielte Ringelblum im Oktober 1942, als es gelungen war, einen zusammenfassenden Bericht über die Lage der Juden im besetzten Polen aus dem Ghetto und außer Landes zu schmuggeln und bis nach Großbritannien zu übermitteln. Die BBC stützte sich bei einer Ausstrahlung im Herbst 1942 hierauf, als sie ihre Hörerschaft über die deutschen Verbrechen informierte.

Dieser Erfolg änderte aber nichts am Lauf der Dinge. Als im Juli 1942 in Warschau die Deportationen in das Vernichtungslager Treblinka begannen, traf es auch Leute aus dem Kreis von Oneg Shabbat. Aus Sorge um die Überlieferung ihrer Sammlung beschlossen die Chronisten, Anfang August 1942 einen Teil des Materials in zehn Metallkästen in einem Keller zu verstecken. Im Februar 1943 verbargen sie, in Milchkannen gestopft und vergraben, einen zweiten Teil der Unterlagen. 1946 konnte dies mit Hilfe zweier Überlebender aus dem Kreis, Rachel Auerbach und Hersz Wasser, aus den Trümmern des zerstörten ehemaligen Ghettos geborgen werden. Heute zählt dieses unschätzbar wertvolle Material zum UNESCO-Weltkulturerbe und wird im Archiv des Jüdischen Historischen Instituts aufbewahrt. Die meisten Menschen, die halfen, die Zeugnisse zusammenzutragen bzw. zu erstellen, wurden ermordet. Emanuel Ringelblum, der gemeinsam mit seiner Frau Yehudis und seinem kleinen Sohn Uri im März 1943 aus dem Ghetto geflohen war, lebte gut ein Jahr in einem Versteck, wo er weiter an Aufzeichnungen arbeitete. Im März 1944 wurde der Unterschlupf verraten und alle Menschen, die sich dorthin gerettet hatten, ermordet.

78. Warum waren mitten in Berlin U-Boote unterwegs? U-Boote nannte man in Deutschland Jüdinnen und Juden, die untergetaucht waren und sich irgendwo versteckt hielten oder sich falsche Identitäten beschafft hatten. Diesen riskanten Weg wählten in Deutschland rund 10 000 Menschen. Die Gefahren, entdeckt zu werden, waren vielfältig, da nicht nur Partei und Überwachungsorgane vor allem im Krieg ein Netz der Kontrolle gesponnen hatten, sondern auch in der breiten Gesellschaft nicht wenige ein allzu wachsames Auge auf ihre Nachbarn und andere hatten. Neben Verrat erschwerten viele weitere Faktoren das Überleben im Untergrund: Irgendwie mussten die U-Boote an Lebensmittelkarten kommen, viele weitere Artikel des täglichen Bedarfs waren rationiert und nur über Karten erhältlich. Für die meisten Juden war der Entschluss zum Untertauchen eine letzte Verzweiflungstat kurz vor der drohenden Deportation. Daher ist die «Flucht in die Illegalität» (Wolfgang Benz) ein Phänomen der zweiten Kriegshälfte.

Je mehr die U-Boote auf sich allein gestellt waren, desto geringer waren ihre Überlebenschancen. Es bedurfte für ein erfolgreiches Untertauchen meist eines ganzen Netzwerks an Helferinnen und Helfern, die einen Wohnungswechsel möglich machten, Papiere besorgen konnten, die Versorgung auf jede nur erdenkliche Weise sicherstellten oder schlicht selbst Menschen bei sich aufnahmen. Bekannt geworden ist unter anderem die Gruppe Emil um die Journalistin Ruth Andreas-Friedrich, die in ihrem Tagebuch hiervon berichtet, und den Musiker Leo Borchard, die in Berlin zahlreichen Menschen in der Illegalität halfen. In Württemberg gab es ein Netzwerk evangelischer Pfarrhäuser, die halfen. Oft waren es wie im Fall des späteren TV-Moderators Hans Rosenthal auch Einzelne wie Ida Rauch, die ihn in ihrer Schrebergartenlaube unterkommen ließ. Die als «unbesungene Helden» (Kurt R. Grossmann) oder «stille Helden» in die Geschichte eingegangenen Helferinnen und Helfer blieben lange im Schatten der öffentlichen Wahrnehmung. Sie waren für die weit überwiegende Mehrheit der ehemaligen «Volksgenossen» der lebende Beweis, dass es Alternativen zum Mitmachen und Hinnehmen gegeben hat, freilich Alternativen nicht ohne Risiko. Heute erinnert die Gedenkstätte Stille Helden in Berlin-Mitte an einige der Untergetauchten und ihre Unterstützerinnen und Unterstützer.

79. Warum war ein Blinder einer der wenigen, die klar gesehen haben? Mitten in Berlin, in einem Hinterhof der Rosenthaler Straße 39, führte der gelernte Tapezierer Otto Weidt seit 1940 eine Blindenwerkstatt, in der Bürsten hergestellt wurden. Der fast blinde Weidt bot hier blinden und gehörlosen Juden Arbeit und Hilfe. Er versorgte sie mit Dokumenten und Lebensmitteln. Lange blieben die Arbeitskräfte der Werkstatt verschont, weil dort im Auftrag der Wehrmacht produziert wurde. Später konnte Weidt etliche durch Bestechung der Gestapo freikaufen. Weidt nahm nicht nur blinde Juden auf, sondern auch andere. Unter ihnen war auch Inge Deutschkron, die von 1941 bis 1943 in der Werkstatt arbeitete, bevor sie untertauchte. Überdies versorgten Weidt und seine Frau Menschen im Ghetto Theresienstadt mit Lebensmittelpaketen. Otto Weidt war Pazifist, der, wie auch seine Frau Else, aus einfachen Verhältnissen kam.

Dem Ehepaar halfen Menschen aus ihrem Umfeld, unter anderen Theodor Görner, der in der Nachbarschaft eine Druckerei besaß. Er half bei der Herstellung falscher Dokumente und beschäftigte selbst einige Juden. Auch Polizisten des für das Viertel zuständigen Polizeireviers 16 halfen, indem sie gefälschte Ausweise stempelten oder vor Deportationen warnten.

Die NS-Zeit überlebten nach heutigen Erkenntnissen 27 der insgesamt 56 jüdischen Beschäftigten Weidts und der Familien, die er im Lager der Werkstatt versteckte. Er selbst starb 1947 im Alter von 64 Jahren, seine Frau starb 1974 im Alter von 72 Jahren. 1971 wurde Otto Weidt von der Gedenkstätte Yad Vashem als «Gerechter unter den Völkern» geehrt. Heute befindet sich in den Räumen der Werkstatt ein Museum, das an das Ehepaar, die Arbeiterinnen und Arbeiter sowie den Helferkreis erinnert.

80. Was sind «Gerechte unter den Völkern»? Juden, die sich der Verfolgung und der Ermordung entziehen wollten – durch Flucht aus einem Lager, Ghetto oder Zug, durch falsche Papiere oder auf andere Weise –, waren in der Regel auf das Wohlwollen und die Hilfe von Nichtjuden angewiesen. Dies konnte in der Form geschehen, dass ihnen vorübergehend oder dauerhaft Unterkunft gewährt wurde, dass sie mit Essen und allem Nötigen versorgt wurden, man sie an einen sicheren Ort oder über eine Grenze schmuggelte und vieles andere mehr. Diese auch als Rettungswiderstand bezeichneten Taten sollten, so wollten es Überlebende, nicht vergessen werden. Daher wurde in Israel schon 1948 der Ehrentitel der «Gerechten unter den Völkern» beschlossen, den ab 1953 die zentrale israelische Gedenkstätte Yad Vashem vergeben sollte.

Die Auszeichnung ist an die Erfüllung einer Reihe von Kriterien gebunden: Die Person musste ihre eigene Freiheit und Sicherheit für die Rettung riskiert haben, sie durfte keine materielle oder immaterielle Gegenleistung dafür gefordert haben und es mussten bzw. müssen mehrere beglaubigte Aussagen vorliegen, die die Rettungstat bezeugen. Bis zum 1. Januar 2020 wurden insgesamt 27 712 Menschen aus 51 Nationen von Yad Vashem als Gerechte unter den Völkern geehrt. Ein mehrbändiges Lexikon sowie eine ständig aktualisierte Datenbank informieren über die Menschen, die viel riskierten, um einen oder mehrere andere Menschen zu retten. Unter ihnen waren so unterschiedliche Personen wie die Polin Irena Sendler, die hunderte jüdische Kinder in Warschau rettete, Aristide de Sousa Mendes, der 1940 als portugiesischer Konsul in Bordeaux gegen den Willen seiner Regierung tausende rettende Transitvisa für jüdische Flüchtlinge ausstellte, die auf der Flucht vor den einmarschierenden deutschen Verbänden waren, oder die Kindergartenleiterin Maria Babich in Minsk, die einigen Kindern das Leben rettete.

81. Konnte eine Gruppe protestierender Frauen die Deportation ihrer Männer abwenden? Ende Februar und Anfang März 1943 sammelten sich trotz Drohungen immer wieder Dutzende, zeitweise mehrere hundert Frauen in der Berliner Rosenstraße. Sie protestierten vor einem Gebäude der Jüdischen Gemeinde, in dem von der Gestapo etwa 2000 Juden eingesperrt waren, darunter auch die Ehemänner der nichtjüdischen Frauen. Diese fürchteten, dass ihre Gatten deportiert werden sollten. Anlass der Sorge war die sogenannte Fabrik-Aktion am 27. Februar 1943, ein reichsweites organisiertes Vorgehen gegen die letzten Juden im Lande, die nun deportiert werden sollten. Die Gestapo verhaftete rund 15 000 Juden an ihren Arbeitsplätzen. Damit wollte sie verhindern, dass die Männer untertauchten. Innerhalb kurzer Zeit wurden in den folgenden Tagen insgesamt 11 000 Menschen deportiert. Obwohl eigentlich diejenigen Juden, die mit einer nichtjüdischen Frau verheiratet oder die getauft waren, davon ausgenommen werden sollten, verhaftete die Berliner Gestapo rund 2000 Männer, auf die die Ausnahmekriterien zutrafen. In der Rosenstraße überprüften die Polizeibeamten diese penibel und rekrutierten aus dieser Gruppe auch Ersatzkräfte für die deportierten Mitarbeiter der jüdischen Verwaltung. Nach wenigen Tagen wurden schließlich alle rund 2000 Männer laufengelassen. Ihre Deportation war damals nach heutigem Kenntnisstand zu keinem Zeitpunkt beabsichtigt. Das jedoch wussten die Frauen nicht. Auch wenn es entgegen mancher Nachkriegslegenden keine lautstarke Demonstration gegeben hat, zeugt das Verhalten dieser Frauen von großem Mut. Alleine ihre Anwesenheit in der Rosenstraße, ihr stummer Protest, war ein seltenes Zeichen der tiefen Verbundenheit mit den Verhafteten und machte durchaus Eindruck auf die Polizisten.

Andere Massenverbrechen

82. Was verbirgt sich hinter dem Tarnkürzel «Aktion T4»? Die Nationalsozialisten bemühten sich um eine zumindest oberflächliche Tarnung ihrer Massenverbrechen. Hinter dem Kürzel «Aktion T4», das im internen Schriftverkehr benutzt wurde, verbirgt sich der Mord an rund 70 000 unheilbar kranken Patienten der Heil- und Pflegeanstalten. Das Kürzel stand für die Adresse Tiergartenstraße 4, den Sitz der Hauptabteilung II innerhalb der Reichskanzlei, in der unter der Leitung von Viktor Brack der Krankenmord geplant, organisiert und koordiniert wurde. Mehr als 300 Mitarbeiter waren hier mit der Verwaltung eines Massenmords beschäftigt, der ab Oktober 1939 auf direkten Befehl Hitlers im Schatten des Krieges möglichst reibungslos durchgeführt werden sollte. Man ersann ein Geflecht von Tarngesellschaften wie die «Gemeinnützige Kranken-Transport GmbH» (Gekrat) und andere, die Teilbereiche des Mordprozesses nach außen übernahmen, aber alle der Zentrale unterstanden.

Im gesamten Reichsgebiet mussten Ärzte in den Anstalten Meldebögen über ihre Patientinnen und Patienten ausfüllen und angeben, wie lange sie schon in der Anstalt waren, welche Diagnose gestellt wurde, wie häufig Angehörige zu Besuch kamen und anderes mehr. In Berlin, wo die Bögen gesammelt wurden, befanden dann Gutachter auf Grundlage dieser Daten, ob ein Patient in das Mordprogramm einbezogen wurde. Die Namen der ausgewählten Opfer erfasste man in Listen, mit denen die Transporte zusammengestellt wurden. Graue Busse mit zugemalten Scheiben holten sie ab und brachten sie in eine der Mordanstalten: Grafeneck, Brandenburg an der Havel, Hartheim bei Linz, Sonnenstein bei Pirna, Brandenburg an der Saale oder Hadamar. Dort wurden die Menschen vergast und die Leichen in Massengräbern verscharrt. Anschließend informierte ein Standardschreiben die Angehörigen, genannt wurde darin allerdings eine fingierte Todesursache. Bisweilen wurden die vorgesehenen Opfer auch durch mehrere sogenannte Zwischenanstalten geschleust, um die Spuren noch besser zu verwischen. Im August 1941 ordnete Hitler den Stopp der Morde an, nachdem es zu offen geäußertem Protest dagegen gekommen war. Bald darauf wurde jedoch der Mord an unheilbar Kranken dezentral fortgeführt, indem Patientinnen und Patienten mit Injektionen ermordet wurden oder man sie durch Essensentzug oder Kürzung der Rationen einem qualvollen Hungertod auslieferte. In beiden Phasen des Krankenmords ermordeten Ärzte gemeinsam mit Pflegerinnen und Pflegern rund 200 000 Menschen, die ihnen weitgehend schutzlos ausgeliefert waren.

83. Waren die Krankenmorde ein Probelauf für die Ermordung der Juden? Die Ermordung von rund 70 000 unheilbar Kranken von Herbst 1939 bis Sommer 1941 steht in einem engen Zusammenhang mit dem systematischen Massenmord an den europäischen Juden in den Vernichtungslagern. Sie als Probelauf zu bezeichnen, ginge allerdings zu weit, da bis zum Sommer 1941 die Vergasung von mehreren Millionen Juden noch nicht Plan der Nationalsozialisten war. Treffender ließe sich von einem Fundus an Erfahrungen und von Tötungsexpertise sprechen, die man sich später zunutze machte.

Am augenfälligsten ist gewiss die Mordtechnik. Die Erfahrungen, die man bei der Vergasung der Kranken gemacht hatte, spielten für den Holocaust eine große Rolle. In den Mordzentren der sogenannten Euthanasie waren die Abläufe des Tötens in einer Gaskammer bereits erprobt und angepasst worden. In den Vernichtungslagern musste man diese nun an andere Dimensionen und Gegebenheiten anpassen. So sah man beispielsweise von Kohlenmonoxid als tödliches Gas ab, da die benötigte Menge und die Länge der Transportwege in Kriegszeiten logistisch nicht zu bewältigen waren. Stattdessen setzten die Experten in den Lagern der «Aktion Reinhardt» auf Abgase stationärer großer Motoren.

Von erheblich größerer Bedeutung aber ist eine andere Verbindungslinie zwischen diesen beiden Verbrechenskomplexen, die sich erst bei genauerer Betrachtung zeigt: Mit dem Krankenmord hatte man einen Kreis von «Experten der Vernichtung» (Sara Berger) herangebildet, der mit der Einstellung des Tötungsprogramms im Sommer 1941 zudem ohne Aufgabe war. Diese rund 120 Männer waren maßgeblich dafür verantwortlich, den Betrieb der Vernichtungslager Belzec, Sobibor und Treblinka im Osten des besetzten Polen zu organisieren und den Mordbetrieb zu beaufsichtigen und zu koordinieren. Darunter waren Männer wie Christian Wirth oder Franz Stangl. Wirth war frühes Mitglied der NSDAP und im Polizeidienst. Beim Krankenmord war er Büroleiter und Inspekteur. Er war in den Vernichtungslagern gefürchtet, da er sehr energisch und zupackend agierte. Franz Stangl kam ebenfalls ursprünglich von der Polizei und war Aufsichtsbeamter in mehreren Mordanstalten, bevor er am Aufbau des Vernichtungslagers Sobibor mitwirkte und Kommandant von Treblinka wurde, wo er für die Ermordung von mehreren hunderttausend Menschen verantwortlich war. Wirth kam 1944 ums Leben, während Stangl nach dem Krieg die Flucht nach Südamerika gelang. Er wurde 1967 an die Bundesrepublik ausgeliefert und 1970 zu lebenslanger Haft verurteilt, starb aber bereits 1971 mit Anfang 60.

84. Hat Kardinal von Galen die Euthanasie-Morde gestoppt? Ärzte, medizinisches Personal, Justiz und Verwaltung sowie die betroffenen Heil- und Pflegeanstalten selbst bemühten sich mit Hilfe eines ausgefeilten Systems, die Ermordung von zehntausenden Patientinnen und Patienten geheim zu halten. Dennoch war dieser Massenmord inmitten des Deutschen Reiches bald nach seinem Beginn ein offenes Geheimnis. Vor allem über die erste Phase, die Vergasung von rund 70 000 Menschen bis Sommer 1941, wusste die Bevölkerung vielerorts in groben Zügen, mitunter auch in vielen Details, Bescheid. Immer wieder unterliefen bei der Verwaltung des Krankenmords Fehler, die Zweifel säten und Blicke auf das vertuschte Verbrechen zuließen – Patienten, deren Tod den Angehörigen schon mitgeteilt worden war, konnten aus der Anstalt nach Hause fliehen; den Hinterbliebenen wurden fiktive Todesursachen mitgeteilt, die wegen der Vorgeschichte der Ermordeten unmöglich zutreffen konnten; es häuften sich Todesfälle in einer Region; es wurden zwei Urnen an die Familie geschickt; in der Umgebung der

Anstalten konnte man aus dem Treiben dort entsprechende Schlüsse ziehen oder das Anstaltspersonal erzählte Einzelnen vom Morden. Dieses Wissen verbreitete sich auf vielen Kanälen in der Gesellschaft und erreichte auch Patientinnen und Patienten, von denen einige infolgedessen Widerstand gegen ihren Abtransport in eine Mordanstalt leisteten.

Innerhalb der Kirchen, die selbst Träger vieler Heil- und Pflegeanstalten waren, war dieses Wissen schon sehr früh verbreitet. Vereinzelt regte sich intern Protest von Anstaltsleitern oder Kirchenvertretern, dies spielte sich aber hinter verschlossenen Türen und in schriftlichen Eingaben ab. Im Sommer 1941 aber trat mit Clemens August Graf von Galen, dem Bischof von Münster, ein hoher Geistlicher an die Öffentlichkeit – zu diesem Zeitpunkt waren freilich schon fast 70 000 Menschen ermordet worden. Am 3. August informierte er seine Gemeinde in einer Predigt ausführlich und mit Beispielen aus der Region über das Verbrechen. Die Predigt des als «Löwen von Münster» glorifizierten von Galen verbreitete sich innerhalb kürzester Zeit im Reichsgebiet und wurde vielerorts Tagesgespräch. Auch das Ausland erfuhr hiervon. Hitler scheute davor zurück, schon während des Krieges mit von Galen und den Kirchen allgemein abzurechnen, zumal dieser weit über die westfälische Stadt hinaus populär war. Stattdessen ließ der Diktator die Krankenmorde am 23. August 1941 zunächst stoppen, um Ruhe einkehren zu lassen, insofern hatte die Predigt von Galens durchschlagende Wirkung. Tatsächlich aber ging das Morden auch danach weiter, allerdings nun dezentral in zahlreichen Anstalten und subtiler durch Überdosierungen und Hunger.

85. Wurden Sinti und Roma wie die Juden behandelt? Sinti und Roma wurden im Deutschen Reich und später während des Krieges in allen besetzten Ländern und Regionen in weiten Teilen wie die Juden behandelt. Überdies fußt der Antiziganismus der Nationalsozialisten auf einer ähnlich langen unseligen Geschichte wie der Antisemitismus. Anders als die Juden wurden Sinti und Roma auch während der Weimarer Republik von staatlichen und kommunalen

Behörden systematisch diskriminiert. Mit dem Machtantritt der Nationalsozialisten wurde dies fortgesetzt, aber auch erheblich verschärft. Gegen diese Minderheit richteten sich eine rassistische Gesetzgebung und entsprechende Verordnungen, die sie in ihrem Alltag erheblich beeinflussten. Diese Politik zielte allgemein auf eine Isolierung der Minderheit sowie auf die örtliche Vertreibung und ähnelt damit in einigen Punkten den Maßnahmen gegen die Juden. Die Nürnberger Gesetze, die Juden zu Bürgern zweiter Klasse machten und intime Beziehungen zu Nichtjuden kriminalisierten, wurden zudem auch auf Sinti und Roma ausgeweitet.

Während des Krieges eskalierte auch die antiziganistische Politik und entwickelte sich zu einem umfassenden Völkermord, dessen Anfänge in Morden an Sinti und Roma in den besetzten sowjetischen Gebieten und in Jugoslawien liegen. Die Einsatzgruppen der Sicherheitspolizei und des Sicherheitsdienstes, Polizeibataillone, aber auch Wehrmachteinheiten ermordeten vielerorts kurzerhand ebenso die Roma. Auch die Besatzungsverwaltung drängte zum Massenmord. In Jugoslawien erlitten sie das gleiche Schicksal wie die dortige jüdische Bevölkerung. Sinti und Roma wurden im Rahmen des Partisanenkriegs als Geiseln genommen und erschossen. Auch im besetzten Polen gab es örtliche Massenerschießungen, Besatzungsfunktionäre pferchten sie in abgetrennte Bereiche der Ghettos und mancherorts mussten sie ein Kennzeichen tragen. Aus dem Deutschen Reich wurden aus manchen Städten bereits 1940 Sinti und Roma ins besetzte Polen deportiert, wo sie zu den einheimischen Roma in Ghettos gesperrt und später mit diesen gemeinsam ins Vernichtungslager deportiert wurden. Im Ghetto Lodz waren zum Beispiel in einem als Zigeunerlager titulierten Abschnitt 5000 Roma aus Österreich unter furchtbarsten Bedingungen eingepfercht. Im Januar 1942 wurden die dann noch lebenden Roma in das Vernichtungslager Kulmhof (Chelmno) gebracht und dort ermordet.

Im großen Stil wurden Sinti und Roma aus dem Deutschen Reich und anderen Gebieten schließlich 1943 nach Auschwitz-Birkenau deportiert, wo sie in einen eigenen Lagerabschnitt, das sogenannte Zigeunerfamilienlager, gesperrt wurden. Insgesamt rund 23 000 Männer, Frauen und Kinder waren hier gefangen, tausende wurden im Mai 1943 vergast, viele weitere kamen wegen der schlechten Versorgung und durch Krankheiten im Laufe des Jahres und in den ersten Monaten des Jahres 1944 ums Leben. Anfang August 1944 schließlich trieb die SS die dann noch in Birkenau lebenden Sinti und Roma in die Gaskammern und ermordete sie. Auch in den Konzentrationslagern im Deutschen Reich, wo viele Sinti und Roma als Häftlinge unter schwersten Bedingungen lebten, wurden viele von ihnen getötet, direkt oder durch kräftezehrende Arbeit in Verbindung mit drastischer Unterversorgung.

Der Völkermord an den Sinti und Roma verlief regional recht unterschiedlich, steuerte aber über kurz oder lang überall auf das gleiche Ziel zu – von der Ausgrenzung über die Entfernung bis hin zur Ermordung der seit Jahrhunderten angestammten Minderheit. Da die Ausgrenzung und Diskriminierung der Sinti und Roma in vielfacher Form nach 1945 fortgesetzt wurde und die Forschung ihre Verfolgung und Ermordung erst spät in den Blick nahm, ist die Gesamtzahl der Opfer bis heute nicht mit der gleichen Präzision zu fassen wie bei den jüdischen Opfern. Man geht heute von 200 000 bis 500 000 ermordeten Sinti und Roma aus.

86. Die Wehrmacht tötete jeden vierten im Krieg umgekommenen sowjetischen Soldaten erst in Gefangenschaft? Eines der größten NS-Verbrechen, das bis heute kaum ins Bewusstsein einer breiteren Öffentlichkeit vorgedrungen ist, ist die Ermordung sowjetischer Kriegsgefangener. Die Wehrmacht führte bewusst ein Massensterben der sowjetischen Kriegsgefangenen herbei, das bereits auf dem Weg in die Kriegsgefangenenlager begann. Auf langen Fußmärschen wurden nicht selten entkräftete Soldaten getötet, wenn sie das Tempo nicht mehr halten konnten. Das große Massensterben jedoch setzte erst nach Ankunft in den Kriegsgefangenenlagern ein. Die Lager boten vielfach keinerlei Schutz vor der Witterung, sondern waren lediglich umzäunte freie Gelände. Bei fehlender oder mangelhafter medizinischer Versorgung, Kälte, Nässe und Enge erkrankten viele Kriegsgefangene. Entscheidend war jedoch, dass die Armeeführung die Essensrationen stark kürzte und den Hungertod von hunderttausenden sowjetischen Kriegsgefangenen bewusst in Kauf nahm beziehungsweise herbeiführte. Der hierfür zuständige Generalquartiermeister des Heeres, Eduard Wagner, ließ keinen Zweifel: «Nichtarbeitende Kriegsgefangene in den Gefangenenlagern haben zu verhungern.» Wagner steht exemplarisch dafür, dass sich die bereitwillige Beteiligung an Massenverbrechen und eine regimeskeptische Haltung nicht ausschließen – er gehörte später zum militärischen Widerstand und nahm sich nach dem 20. Juli 1944 das Leben.

In diesen Kontext gehört auch der sogenannte Kommissarbefehl. Mit diesem Erlass verordnete das Oberkommando der Wehrmacht schon vor dem Überfall auf die Sowjetunion die Ermordung der politischen Kommissare in der Roten Armee. Diese waren für die weltanschauliche Schulung zuständig und fungierten als Kontrollinstanz, die Befehle der Kommandeure rückgängig machen bzw. blockieren konnte. Diese Personengruppe sollte aus der Menge der gefangen genommenen sowjetischen Soldaten herausgegriffen werden, sie sei, so heißt es im Kommissarbefehl, «nach durchgeführter Absonderung zu erledigen», also zu ermorden. Dem fielen neueren Forschungen zufolge mehrere tausend Menschen zum Opfer.

Innerhalb weniger Monate fielen dem Wirken Wagners und vieler anderer in der Armee mehr als 1,5 Millionen sowjetische Kriegsgefangene zum Opfer. Hinzu kommen weitere mehrere zehntausend Opfer von Massenerschießungen in den Kriegsgefangenenlagern sowie in Konzentrationslagern, in die zahlreiche sowjetische Kriegsgefangene eingewiesen wurden. Insgesamt kamen mehr als drei Millionen Angehörige der Roten Armee in deutscher Gefangenschaft ums Leben, die weit überwiegende Mehrheit ermordeten Wehrmachtsoldaten, SS-Kommandos und KZ-Personal durch direkte Erschießungen oder sie wurden dem Hungertod überlassen.

87. Erst die Juden, dann die Slawen? Vor allem im besetzten Polen, aber auch in anderen okkupierten Ländern Ostmitteleuropas war die Sorge verbreitet, nach den Juden selbst Opfer eines Massenmords zu werden. Diese Angst erhielt Nahrung durch eine Reihe von mörderischen Besatzungsverbrechen der Deutschen und manch eine martialische Äußerung führender NS-Funktionäre in der Öffentlichkeit, wohingegen weitreichende Geheimplanungen, die den Tod von Millionen Menschen voraussetzten, den betroffenen Bevölkerungen verborgen blieben.

Anders als das besetzte Westeuropa waren weite Teile des Ostens als «Lebensraum» für die Deutschen vorgesehen, da diese ein «Volk ohne Raum» seien. Die immer umfassenderen und radikaleren Lebensraumplanungen hatten zur Voraussetzung, dass Millionen Polen, Weißrussen, Ukrainer und andere vertrieben oder dem Hungertod überlassen würden, Millionen weiteren war ein Dasein als rechtlose Zwangsarbeiter für deutsche Belange vorbehalten. Die Realisierung solcher Vorstellungen, die in Himmlers Apparat als «Generalplan Ost» in verschiedenen Ausgestaltungen und im Reichsernährungsministerium und anderen Institutionen erarbeitet worden waren, hätten tatsächlich Opfer gefordert, die der quantitativen Dimension des Holocaust nicht nachgestanden hätten. Bei aller Grausamkeit und Gigantomanie jedoch waren selbst diese NS-Utopien noch weit von einer restlosen Ermordung aller Polen oder aller Slawen entfernt.

Gleichwohl waren mit der Besatzungsherrschaft NS-Deutschlands in Ostmitteleuropa Massenverbrechen verbunden, die Befürchtungen, nach den Juden selbst Opfer eines Genozids zu werden, durchaus berechtigt erscheinen ließen. Im besetzten Polen zum Beispiel begann mit dem Überfall im September 1939 die umfassend betriebene Ermordung der polnischen Elite. Die Einsatzgruppen der Sicherheitspolizei und des Sicherheitsdienstes sowie andere Verbände ermordeten zehntausende Juristen, Priester, Lehrer, Professoren und andere, um so die Existenz eines polnischen Staates für alle Zeiten unmöglich zu machen. Im gesamten Ostmitteleuropa wurde zudem unter dem Deckmantel der Partisanenbekämpfung ein Krieg gegen die Zivilbevölkerung geführt, in dessen Zuge hunderte Dörfer dem Erdboden gleichgemacht, die Bewohner zum Teil getötet oder zur Zwangsarbeit nach Deutschland deportiert wurden. Hinzu kommen einzelne Großverbrechen. Hierzu zählt etwa die fast 900-tägige

Blockade der Metropole Leningrad (heute St. Petersburg), in deren Folge mehr als 1 Million Zivilisten zu Tode kam. Und hierzu zählt auch die Zerstörung Warschaus während und nach der Niederschlagung des Warschauer Aufstands, in deren Zuge mindestens 150 000 Zivilisten getötet wurden oder ums Leben kamen sowie mindestens weitere 350 000 Menschen aus der Stadt vertrieben und zum Teil als Zwangsarbeiter deportiert wurden.

Nachgeschichte und Erinnerung

88. Wie viele Menschen haben überlebt? Anders als die Zahl der Ermordeten wurde die der Überlebenden bislang nicht systematisch erfasst. Eine Bestimmung stößt auf ähnliche Schwierigkeiten: In den letzten Monaten versuchten die Täter mit einigem Erfolg, Spuren ihrer Verbrechen zu verwischen, indem sie die umfangreiche Aktenüberlieferung der Bürokratien des Massenmords vernichteten. Dies macht es neben vielen Ungenauigkeiten und Lücken im demographischen Zahlenmaterial für die erste Hälfte des 20. Jahrhunderts fast unmöglich, eine annähernd exakte Zahl der Überlebenden des Holocaust zu nennen. Die Überlebenden wurden nach der Befreiung auch nicht systematisch registriert und gezählt. Überdies stellt sich die Frage, wer als Überlebender des Holocaust gelten soll: Gehören die bis zu 300 000 Juden, die aus Deutschland fliehen konnten, dazu, sofern sie überlebten? Kann man diejenigen polnischen Juden, die nach dem deutschen Überfall auf Polen in den sowjetisch besetzten Teil des Landes flohen und von dort vom sowjetischen Geheimdienst später nach Sibirien deportiert wurden, zu den Überlebenden zählen? Solche Abgrenzungsprobleme und große Forschungslücken machen eine auch nur annähernd seriöse Schätzung unmöglich. Das zentrale israelische Statistikbüro zählt all diejenigen dazu, die zeitweise der nationalsozialistischen Herrschaft ausgesetzt waren und diese überlebten. Demnach lebten Ende 2017 in Israel 212 300 Überlebende des Holocaust, für andere Länder liegen keine Zahlen vor.

89. Warum lebten Juden nach ihrer Befreiung noch in Lagern? Nach dem Krieg waren Millionen Menschen aus ganz Europa in Deutschland gestrandet. Die Alliierten nannten sie «displaced person» (DP) und meinten damit all jene, die durch Verschleppung, Vertreibung oder sonstwie infolge des Krieges von zu Hause fortgerissen worden waren. Vor allem waren dies ehemalige Zwangsarbeiterinnen und Zwangsarbeiter, Kriegsgefangene, aus den Konzentrationslagern befreite Gefangene und überlebende Jüdinnen und Juden. Für diese Menschen war die sogenannte Repatriierung vorgesehen, das heißt die Rückführung in ihre Heimatländer. Da es so viele Menschen waren, wurden für eine Übergangszeit sogenannte DP-Camps eingerichtet, Lager, in denen sie vorübergehend unterkamen. Das waren ehemalige KZ, Gefangenenlager, Kasernen, (Baracken-)Siedlungen und Ähnliches mehr. Nach Möglichkeit wurden die DPs nach Nationalitäten getrennt untergebracht.

Jüdische DPs lebten zunächst inmitten nichtjüdischer DPs. Nach Protesten richtete man jedoch spezielle Lager für sie ein, da sie sich über Antisemitismus beklagten und mitunter mit ehemaligen Kollaborateuren Seite an Seite untergebracht gewesen waren. Die Zahl der Juden, die nach dem Krieg vor allem in den drei westlichen Besatzungszonen in Deutschland lebten, stieg von zunächst 50 000 bis 70 000 innerhalb eines Jahres auf über 200 000 an. Vor allem antisemitische Gewaltakte wie der Pogrom in der polnischen Stadt Kielce veranlassten viele Juden aus Ostmitteleuropa dazu, in den Westen zu gehen. Darunter waren viele Juden, die bei Kriegsbeginn nach Osten geflohen waren und die Kriegszeit über in Sibirien und anderswo überdauert hatten, wohin sie die sowjetischen Behörden deportiert hatten.

In den jüdischen DP-Camps entwickelte sich ein reichhaltiges kulturelles und politisches Leben, jiddische Lagerzeitungen und eine vielfältige jiddische Presse wirkte über die Lager hinaus. Zahlreiche Organisationen waren aktiv darum bemüht, die Auswanderung von Juden nach Palästina zu organisieren, was nur illegal und mit gewissen Risiken möglich war, da Großbritannien als Mandatsmacht die Einreise verweigerte. Nach der Gründung Israels im Mai 1948 jedoch setzte eine Massenauswanderung dorthin ein. Daneben waren die Vereinigten Staaten, Kanada oder Australien bevorzugte Zielländer. Bis 1949/50 verringerte sich die Zahl der jüdischen DPs so stark, dass zahlreiche DP-Camps geschlossen wurden, das Lager Föhrenwald bei München wurde 1957 als letztes geschlossen.

90. Warum wurden Juden auch nach Kriegsende noch umgebracht?
Der Antisemitismus, der in vielen Ländern Europas bereits vor dem Krieg verbreitet war, ist nach dem Krieg nicht über Nacht verschwunden. Nichtjuden hatten zudem von der Ermordung der Juden vielerorts profitiert, indem sie deren Wohnungen und Häuser übernommen, nach den Deportationen den Hausrat günstig erworben oder ihn sich einfach angeeignet hatten oder indem sie ihnen zur Verwahrung anvertraute Besitztümer behielten. Die Rückkehr überlebender Juden nach Kriegsende setzte vielfach Ängste frei, etwas davon wieder hergeben zu müssen, zumal viele durch die vorangegangene Ausbeutung durch die deutschen Besatzer und durch die Kriegseinwirkungen in großer Armut lebten. Überdies hatten vor allem in den ostmitteleuropäischen Ländern die allgegenwärtige und alltägliche Gewalt gegen Juden und Nichtjuden sowie der offene Massenmord zu einer Erosion mancher Werte beigetragen. Kehrten vereinzelte Überlebende nach ihrer Befreiung in ihre Heimatorte zurück und wollten in ihre früheren Wohnungen und Häuser ziehen, die längst anderweitig bewohnt waren, oder forderten sie die Rückgabe von Dingen ein, die sie Nachbarn und Bekannten zur Aufbewahrung anvertraut hatten, wurden sie oft barsch zurückgewiesen und verjagt. Immer wieder endeten diese Begegnungen auch in Morden an den Überlebenden.

Neben diesen einzelnen Taten kam es in manchen Orten zu kollektiven Gewaltakten gegen zurückgekehrte Juden. Der bekannteste und folgenreichste war der Pogrom in der zentralpolnischen Stadt Kielce Anfang Juli 1946. Der bereits davor in der Stadt hochkochende Antisemitismus entlud sich am 4. Juli, als ein Mob die rund 150 überlebenden Juden, die nach dem Krieg in einem ehemaligen jüdischen Gemeindehaus lebten, angriff und 42 von ihnen tötete. Auslöser war das alte antisemitische Stereotyp vom «Ritualmord» gewesen. Ein christlicher Junge war verschwunden, woraufhin die Legende kursierte, er sei von den Juden entführt worden, um sein Blut für rituelle Zwecke zu nutzen. Der Pogrom von Kielce entfaltete eine Signalwirkung weit über die Stadt hinaus. In den folgenden Wochen verließen zehntausende Juden Polen und weitere ostmitteleuropäische

Länder, um unter der Obhut der Alliierten zunächst in einem der vielen Lager für jüdische Überlebende in Nachkriegsdeutschland zu warten, bis sie von dort nach Palästina oder in andere Länder weiterziehen konnten.

91. Warum zog es viele NS-Verbrecher nach 1945 in den Vatikan?
Nach Kriegsende tauchten viele Täter unter. Sie verschafften sich falsche Identitäten, mischten sich unter kriegsgefangene Soldaten oder versuchten die Flucht aus Deutschland und Österreich. Ein Weg, den viele von ihnen wählten, weil es auf ihm bekannte Anlaufpunkte und Helfer gab, war die sogenannte Rattenlinie. Sie führte meist über Österreich und Südtirol nach Genua und beinhaltete vielfach eine Station im Vatikan. Dort versorgte der österreichische Bischof Alois Hudal, der in Rom ein Priesterkolleg leitete und beste Beziehungen zum Papst hatte, die flüchtigen Massenmörder mit Papieren und Tipps für ihre Flucht. So verhalf er unter anderen dem ehemaligen Kommandanten des Vernichtungslagers Treblinka, Franz Stangl, zur Flucht nach Brasilien. Auch Walther Rauff, der bei den Einsatzgruppen für die Morde mit Gaswagen verantwortlich gewesen war, konnte auf die Hilfe Hudals zählen, ebenso wie Adolf Eichmann, der den Holocaust in wesentlichen Teilen logistisch organisiert und koordiniert hatte. Manche der so entkommenen Täter wurden später aufgespürt, nach langjährigen Verfahren an die Bundesrepublik oder andere Länder ausgeliefert und dort vor Gericht gestellt. Viele jedoch lebten unbehelligt in Südamerika, in Syrien und anderen Ländern, die sie in Kenntnis ihrer Vergangenheit bereitwillig aufnahmen. In die Flucht mancher Täter waren zudem westliche Geheimdienste wie der US-amerikanische CIA involviert, die in den Massenmördern nützliche Agenten und Zuträger sahen. Walther Rauff beispielsweise war von 1958 bis 1962 sogar Agent des westdeutschen Bundesnachrichtendienstes. Einer breiteren Öffentlichkeit wurden manche Aspekte der Flucht von NS-Tätern Anfang der 1970er Jahre durch Frederick Forsyths Thriller «Die Akte Odessa» bekannt.

92. Warum war Ludwigsburg bei vielen Tätern verhasst und gefürchtet? Die meisten Täter, die als SS-Männer, Polizisten, Beamte oder in anderer Funktion am Holocaust mitgewirkt hatten, konnten sich nach Gründung der Bundesrepublik relativ sicher fühlen. Die Strafverfolgung wegen NS-Verbrechen war in den 1950er Jahren fast vollständig zum Erliegen gekommen, viele der zuvor von den Alliierten Verurteilten wurden auf massiven Druck aus der Politik, den Kirchen und anderen recht bald amnestiert. Viele kamen nicht nur frei oder blieben unbehelligt, sie konnten häufig bruchlos an ihre Karrieren anknüpfen und in Verwaltung, Justiz und Polizei hohe Positionen erreichen. Von den 11 westdeutschen Landeskriminalämtern zum Beispiel wurden 4 zeitweise von Männern geleitet, die aktiv am Holocaust beteiligt gewesen waren, auch das Bundeskriminalamt war in leitenden Positionen mit schwer belasteten Polizeibeamten besetzt – beides war nur die Spitze des Eisbergs.

Als ein schwer belasteter ehemaliger Gestapofunktionär, der an Massenmorden an Juden im Sommer 1941 beteiligt gewesen war, 1955 auf Wiedereinstellung klagte und sich in der Öffentlichkeit als «Freund der Juden und Polen» darstellte, kam in Ulm ein Verfahren in Gang, das als der Ulmer Einsatzgruppen-Prozess bekannt werden sollte. Im Zuge des Prozesses förderte die nachdrückliche Aufklärungsarbeit von Staatsanwalt Erwin Schüle, selbst ehemaliger Nationalsozialist, bedrückendes Material zutage. Es wurde deutlich, dass das Gros der NS-Massenverbrechen noch überhaupt nicht in Ansätzen ermittelt worden war und dass der Kreis der Täter sehr viel größer gewesen war, als man bis dahin glauben wollte. Diese Erkenntnisse mündeten 1958 in die Gründung der Zentralen Stelle der Landesjustizverwaltungen zur Aufklärung nationalsozialistischer Verbrechen, kurz meist Zentrale Stelle oder Zentrale Stelle Ludwigsburg genannt, da sie ihren Sitz in der Barockstadt nahe Stuttgart hatte. Die Behörde sollte systematisch Vorermittlungen zu NS-Gewaltverbrechen gegen die Zivilbevölkerung anstellen, indem sie alle einschlägigen erreichbaren Dokumente sichtete. Die Ergebnisse gab die Zentrale Stelle dann an die jeweils zuständige Staatsanwaltschaft, die das Verfahren weiterführen musste. Die Ludwigsburger Staatsanwälte unterstützten sie dabei nach Möglichkeit. Dieses Prozedere hatte den Vorteil, dass Ermittlungen zu bestimmten Tatkomplexen zusammengefasst werden konnten und sich nicht in zahlreichen Einzelverfahren verschiedener Strafverfolger verloren, die sich jeweils neu hätten einarbeiten müssen. In der Praxis jedoch ließen manche Staatsanwaltschaften die Ludwigsburger Vorarbeiten sang- und klanglos versanden, verweigerten die Weiterführung eines Verfahrens oder erklärten sich für nicht zuständig. Gleichwohl brachte die Einrichtung der Zentralen Stelle einen Umschwung in der Ahndung nationalsozialistischer Verbrechen mit sich, wenngleich die Bilanz angesichts der Dimensionen des Holocaust und anderen Unrechts immer noch bescheiden ausfällt: 7660 Vorermittlungsverfahren haben die nach Ludwigsburg aus den Ländern abgeordneten Staatsanwälte – vorwiegend waren es Männer – von Dezember 1958 bis Ende 2018 durchgeführt, darunter etliche umfangreiche Sammelverfahren mit mehreren Dutzend Beschuldigten.

Auch wenn es in vielen Fällen gar nicht zu einer Anklage kam oder die Prozesse mit unbefriedigend kurzen Haftstrafen endeten, verursachte die Gründung und Tätigkeit der Zentralen Stelle erhebliche Unruhe im Kreise der Täter. So war es durchaus ungewiss, auf was die Ermittler bei ihrer systematischen Durchforstung der Dokumente alles stoßen würden. Überdies störte Ludwigsburg das bürgerliche Leben und die Fassade der Anständigkeit derjenigen, die wieder in Amt und Würden waren und die nun Besuch von Staatsanwälten und Kriminalbeamten bekamen, was Anlass zu Gerede in den Dienststellen und Nachbarschaften geben konnte. Zwar gingen etliche Ermittlungsverfahren für die Beschuldigten glimpflich aus, doch konnten sie dies zu Beginn nicht immer abschätzen. Vielfach sprachen sie sich vorsorglich mit ehemaligen Kollegen ab, die womöglich auch beschuldigt wurden oder die als Zeugen gehört werden sollten. So stießen die Ermittler häufig auf eine organisierte Mauer des Schweigens. Erschwerend kam hinzu, dass der Justizapparat und die Polizei durchsetzt waren mit belasteten Beamten, von denen manche mitunter die Verfahren torpedierten, indem sie Delinquenten vor der geplanten Verhaftung warnten und anderes mehr.

Für alte und neue Nationalsozialisten waren die Ludwigsburger Behörde und seine Mitarbeiterinnen und Mitarbeiter ein Hassobjekt. Zahlreiche Droh- und Schmähbriefe sollten die Ermittler einschüchtern, Rechtsextreme machten mobil gegen Ludwigsburg. Als der ehemalige Obergruppenführer der Waffen-SS Sepp Dietrich, der in Altnazikreisen aktiv war, 1966 in Ludwigsburg beerdigt wurde, waren mehr als 4000 ehemalige Angehörige der Waffen-SS angereist, die nach der Grablegung zur Zentralen Stelle marschierten und dort protestierten. Heute ist es um die Ludwigsburger Ermittler ruhig geworden. Während in der Hochphase in den 1960er und frühen 1970er Jahren rund 120 Mitarbeiterinnen und Mitarbeiter dort tätig waren, sind es heute noch 7 Dezernenten und 13 weitere Mitarbeiter.

93. Warum wurde Adolf Eichmann in Jerusalem vor Gericht gestellt? Adolf Eichmann gehörte zu den Tätern, die nach dem Krieg untertauchen und mit Hilfe der Katholischen Kirche nach Südamerika entkommen konnten. Er lebte seit 1950 unter dem Namen Ricardo Klement unbehelligt in Argentinien und arbeitete bei Daimler Benz. Um den zunächst relativ unbekannten Eichmann rankten sich in den 1950er Jahren einige Legenden. Seitens der bundesdeutschen Ermittlungsbehörden gab es kaum Anstrengungen, seinen Aufenthaltsort ausfindig zu machen und Eichmann zur Rechenschaft zu ziehen. Auch die Behörden anderer Länder legten in den ersten Nachkriegsjahren wenig Eifer an den Tag. Vor allem private «Nazi-Jäger» wie der Holocaustüberlebende Simon Wiesenthal oder manche Journalisten waren auf der Suche nach Eichmann. Dem US-amerikanischen CIA und dem bundesdeutschen Bundesnachrichtendienst war jedoch seit 1952 beziehungsweise 1958 bekannt, wo Eichmann zu finden war. Der israelische Geheimdienst Mossad erhielt schon 1957 vom hessischen Generalstaatsanwalt Fritz Bauer, der der eigenen Justiz in dieser Sache aus guten Gründen misstraute, einen Hinweis auf Eichmanns Wohnort, es dauerte aber noch Jahre, bis der Mossad 1960 ein Team losschickte, das den Gesuchten aufspüren und nach Israel schaffen sollte. Am 23. Mai 1960 verkündete Premierminister David Ben Gurion im israelischen Parlament die

Verhaftung Eichmanns und dass dieser sich in Israel befinde, wo er vor Gericht gestellt werden solle.

Der Prozess vor dem Jerusalemer Bezirksgericht begann am 10. April 1961 und dauerte fast bis Jahresende. Generalstaatsanwalt Gideon Hausner nutzte den Prozess für eine Gesamtschau der nationalsozialistischen Verbrechen gegen die Juden und ließ hierfür über 100 Zeuginnen und Zeugen aussagen, die vielfach zum ersten Mal der israelischen Öffentlichkeit von ihren Erfahrungen berichteten. Der Prozess, der im Rundfunk übertragen wurde, entwickelte sich so zu einem Wendepunkt in der Beschäftigung mit dem Holocaust in Israel und weit darüber hinaus. Am 15. Dezember 1961 endete das Verfahren mit einem Todesurteil, das der vorsitzende Richter Moshe Landau verkündete und das im Mai 1962 in einem Berufungsverfahren bestätigt wurde. Am 1. Juni 1962 wurde Adolf Eichmann hingerichtet und seine Asche über dem Meer zerstreut, um keinen Wallfahrtsort für alte und neue Nationalsozialisten zu schaffen.

94. Was war der Auschwitz-Prozess? Die NS-Täter wurden in der Bundesrepublik vielfach nicht mit Nachdruck verfolgt. Selbst der Prozess, in dem die Verbrechen im größten Konzentrations- und Vernichtungslager verhandelt wurden, wäre kaum zustande gekommen, wenn sich mit Fritz Bauer nicht ein engagierter Staatsanwalt der Sache angenommen und sie beharrlich auch gegen Widerstände verfolgt hätte. Als eine Anzeige gegen Wilhelm Boger, der in der Politischen Abteilung in Auschwitz zahllose Gefangene gefoltert hatte, drohte, unter «ferner liefen» behandelt zu werden, weil der anzeigende ehemalige Auschwitz-Häftling gerade wegen Meineids in Haft saß und bei Polizei und Justiz als Querulant galt, zog Bauer, der Generalstaatsanwalt in Frankfurt war, das Verfahren an sich. Er erweiterte es zu Ermittlungen zum gesamten Verbrechenskomplex Auschwitz, und seine Staatsanwälte brachten schließlich 22 Angeklagte vor Gericht. Unter dem Vorsitz von Landgerichtsdirektor Hans Hofmeyer begann der Prozess am 20. Dezember 1963 im Frankfurter Römer, dem Stadtverordnetenparlament. Unter den Augen der Weltöffentlichkeit wurde das Verfahren zu einem einschneidenden medialen

Ereignis in der Bundesrepublik. Erstmals wurden die Verbrechen in Auschwitz ausführlich aus der Sicht der ehemaligen Gefangenen dargestellt und in der Presse behandelt. Mehr als 350 Zeuginnen und Zeugen aus aller Welt holte das Gericht nach Frankfurt und ließ sie von den Verbrechen der Angeklagten und anderer Täter berichten. Bauer, der den Prozess zu einer Lehrstunde für die Deutschen machen wollte, hatte überdies mehrere historische Gutachten in Auftrag gegeben, die zentrale Aspekte des Verbrechens ausleuchteten und später als Buch veröffentlicht zu Standardwerken werden sollten. Zahlreiche Prozessbeobachter verfolgten den Prozess und schrieben regelmäßig für die in- und ausländische Presse darüber, die Überlebende Inge Deutschkron zum Beispiel verfasste regelmäßig Artikel für die israelische Presse. Insgesamt sollen mehr als 20 000 Besucherinnen und Besucher im Gerichtssaal dabei gewesen sein, darunter zahlreiche Schulklassen. Im August 1965 verkündete das Gericht schließlich das Urteil, das für 17 Angeklagte Freiheitsstrafen zwischen lebenslänglich und drei Jahren und drei Monaten aussprach. Drei Angeklagte wurden mangels Beweisen freigesprochen. Damit blieb das Gericht erheblich unter den Forderungen der Staatsanwälte.

Mit dem Prozess sind zwei Besonderheiten in der Geschichte des Kalten Kriegs verbunden: Das Gericht setzte einen Ortstermin auf dem Gelände des ehemaligen Lagers an und schrieb damit Geschichte, da seinerzeit noch keine diplomatischen Beziehungen zur Volksrepublik Polen bestanden. Mit Hilfe des Ortstermins, der im Dezember 1964 stattfand, wollte das Gericht unter anderem überprüfen, was tatsächlich von bestimmten Stellen des Lagers aus zu sehen war. Für Aufsehen sorgte der Prozess noch in anderer Hinsicht: Unmittelbar nach Verkündung des Urteils wurde das Theaterstück «Die Ermittlung» von Peter Weiß uraufgeführt. Weiß hatte auf Grundlage eigener Prozessbeobachtungen und von Zeitungsberichten ein Stück über den Prozess verfasst, das im Oktober 1965 an 14 Bühnen in der Bundesrepublik und in der DDR Premiere feierte.

95. Wie sollte der Holocaust «wiedergutgemacht» werden? Mit der Verfolgung und Ermordung der europäischen Juden ging auf vielen Ebenen die Aneignung des Besitzes der jüdischen Bevölkerung einher. Überdies hatte die Judenpolitik viele direkte und indirekte materielle und immaterielle Folgen wie ausgebliebene Beförderungen, den erzwungenen Abbruch eines Studiums oder einer Berufsausbildung, die Verweigerung der Zulassung dazu, Schäden an Körper und Gesundheit und vieles mehr. Diese erlittenen Schäden sollten «wiedergutgemacht» werden, wie es bald schon im deutschsprachigen Diskurs hieß. Dieser Begriff ist problematisch, da damit durchaus die Vorstellung verbunden war, nach Zahlung eines gewissen Betrages sei die Schuld gewissermaßen abgegolten. Manch einer verband damit die Hoffnung auf einen gekauften Schlussstrich unter der Aufarbeitung der NS-Verbrechen. Für die ehemals Verfolgten und die Hinterbliebenen bedeuteten die Wiedergutmachungszahlungen jedoch nur einen kleinen Ausgleich des materiellen Verlustes, eine Linderung des Leids, unter dessen Folgen viele ihr Leben lang litten, war damit nicht verbunden.

Begonnen wurden Entschädigung und Rückerstattung bereits unter Verantwortung der Alliierten, die hierfür erste Regelungen erließen. Nach Gründung der Bundesrepublik schloss die Bundesregierung mit dem Staat Israel gegen große Widerstände 1952 ein Wiedergutmachungsabkommen, das Zahlungen von mehreren Milliarden D-Mark vorsah. In Israel war dies umstritten, da manche in den Mitteln eine Art «Blutgeld» sahen, während die Bundesregierung das Gesetz nur mit den Stimmen der oppositionellen Sozialdemokraten durchsetzen konnte, da Teile der Regierungsfraktionen die Zustimmung verweigerten. Weitaus wichtiger, vor allem für die Überlebenden und die Angehörigen der Opfer, war jedoch die individuelle Wiedergutmachung, die im Bundesentschädigungsgesetz geregelt wurde. Neben einmaligen Entschädigungssummen für Verluste waren auch monatliche Zahlungen wegen gesundheitlicher Folgeschäden möglich. In der Praxis machten es die Beamten in den Wiedergutmachungsämtern den Antragstellern jedoch schwer, weil sie hohe Hürden für den Nachweis eines Zusammenhangs zwischen der Verfolgung und den Gesundheitsproblemen errichteten. Oftmals hatten es die Überlebenden in den Behörden mit den gleichen Personen zu tun, die bereits ihre Ausgrenzung und Verfolgung zur Zeit der NS-Diktatur verwaltet hatten.

96. Der Holocaust ist eine große Lüge? In rechtsradikalen und neonazistischen Kreisen ist die abstruse Behauptung, der Holocaust sei eine Erfindung der Juden, der Alliierten oder anderer, bis heute verbreitet. Die sogenannten Holocaustleugner variieren ihren Versuch der Reinwaschung der NS-Diktatur, indem sie nicht immer den Holocaust an sich in Frage stellen, sondern die Zahl der Opfer als viel zu hoch hinstellen. Das auch als Auschwitz-Lüge bekannte Phänomen zeichnet sich bisweilen durch eine pseudowissenschaftliche Fassade aus; ein Kreis von Autoren zitiert sich wechselseitig in zahlreichen Publikationen und versucht den Anschein seriöser wissenschaftlicher Forschung zu erwecken. Dabei lassen sie zahllose zentrale Quellen außer Acht oder zweifeln deren Authentizität an. Überdies haben Holocaustleugner den Versuch unternommen, ihre Hirngespinste mit Gutachten zu untermauern. So wurde der US-amerikanische Ingenieur Fred Leuchter beauftragt, die Überreste der Gaskammern in Auschwitz-Birkenau zu untersuchen, freilich ohne eine Genehmigung der Gedenkstätte einzuholen. Auch der deutsche Chemiker und Neonazi Germar Rudolf versuchte den Nachweis zu führen, dass dort keine Vergasungen stattgefunden haben können. Grundlage der Argumentation waren Ergebnisse vermeintlicher Untersuchungen von Mauerresten der Gaskammern, bei denen keine oder nur sehr geringfügige Rückstände der Blausäure gefunden worden seien. Dass dies etliche Jahrzehnte nach dem Massenmord, in denen die Mauerreste der Witterung ausgesetzt waren, nicht anders zu erwarten ist und dass polnische Forscher nach der Befreiung noch 1945 sehr wohl bei entsprechenden Untersuchungen erhebliche Spuren von Zyklon B nachgewiesen haben, unterschlagen die Holocaustleugner selbstverständlich.

In der Bundesrepublik Deutschland wurde die Leugnung der Verfolgung und Ermordung der Juden 1985 unter Strafe gestellt.

Nach Paragraph 130, Absatz 3 wird mit bis zu fünf Jahren Haft bestraft, wer den Holocaust «öffentlich oder in einer Versammlung billigt, leugnet oder verharmlost». Manche Holocaustleugner sind daher dazu übergegangen, aus Ländern zu wirken, in denen die Meinungsfreiheit liberaler aufgefasst wird und ihre Lügen nicht strafbar sind. Sie betreiben Internetseiten von dortigen Servern aus und nutzen verstärkt auch Plattformen wie YouTube und Ähnliches.

97. Kann der Holocaust sich wiederholen? »Es ist geschehen, und folglich kann es wieder geschehen: darin liegt der Kern dessen, was wir zu sagen haben.» Dieser Auffassung war der italienische Überlebende Primo Levi, der damit auch den zentralen Antrieb vieler Überlebender ansprach, warum sie Zeugnis ablegten. Es ist zwar eine Binsenweisheit, dass Geschichte sich nicht wiederholt. Damit ist aber nur gemeint, dass etwas genau Gleiches nicht zweimal passiert, wohl aber kann etwas Ähnliches noch einmal geschehen. So kann man sagen, dass nach dem Völkermord an den europäischen Juden in der Welt trotz der Lehren, die man daraus hätte ziehen können, weitere Völkermorde geschehen sind. Im ostafrikanischen Ruanda zum Beispiel begingen radikale Milizen, die sich vor allem aus der Gruppe der Hutus rekrutierten, nach dem Flugzeugabsturz des ruandischen Präsidenten im April 1994 einen Massenmord an Angehörigen der Gruppe der Tutsis sowie an demokratisch gesinnten Hutus. Systematisch wurden die Listen der Einwohnermeldeämter, in denen die Volkszugehörigkeit verzeichnet war, abgearbeitet und die betreffenden Männer, Frauen und Kinder meist mit Macheten hingemetzelt. Innerhalb weniger Wochen wurden so bis August 1994 mindestens 800 000 Menschen ermordet. In vielen Ländern und Regionen der Welt kam es ebenfalls zu Völkermorden. Darüber, ob diese oder manche von ihnen mit dem Holocaust vergleichbar sind, gehen die Meinungen auseinander. Viele sehen einen fundamentalen Unterschied zwischen dem Holocaust und anderen Völkermorden in der Tötung mit Hilfe der Gaskammern, was sie als einen quasi industriellen Massenmord betrachten, der eine andere Qualität habe.

98. Was sind Gedenkstätten? Gedenkstätten sind Orte der Erinnerung an NS-Verbrechen und ihre Opfer, die an diesem Ort stattgefunden haben. Meist handelt es sich um die Gebäude und Gelände ehemaliger Konzentrationslager und Folterstätten oder um die Heil- und Pflegeanstalten, in denen die Patientinnen und Patienten ermordet wurden. Bereits im November 1944 wurde im früheren Konzentrationslager Majdanek bei Lublin, das im Juli 1944 befreit worden war, die erste Gedenkstätte ins Leben gerufen. 1946 folgte die Gründung der Gedenkstätte Auschwitz-Birkenau, die wesentlich von ehemaligen Häftlingen gestaltet und mit Kazimierz Smoleń lange Zeit von einem früheren Gefangenen geleitet wurde.

Andere befreite Lager wurden vielfach anders genutzt. Die sowjetische Besatzungsmacht beispielsweise schuf auf dem Gelände der Konzentrationslager Buchenwald und Sachsenhausen sogenannte Speziallager, in denen sie NS-Täter, aber auch viele Sozialdemokraten und andere, die sich der Etablierung der kommunistischen Herrschaft widersetzten, einsperrte. Die amerikanische Besatzungsmacht nutzte manche KZ wie Dachau ebenfalls als Gefangenenlager für inhaftierte Nationalsozialisten, andere dienten als Unterbringung für befreite Zwangsarbeiterinnen und Zwangsarbeiter oder Flüchtlinge.

Hunderte Außenlager der KZ, Lager für Kriegsgefangene oder Zwangsarbeiterinnen und Zwangsarbeiter, die es in nahezu jeder etwas größeren Ortschaft gegeben hatte, wurden niedergerissen oder gewerblich und ähnlich genutzt. Dass die Überreste der Lager als zentrale Verfolgungsstätten erhalten bleiben sollten, um dort historische Aufklärungsarbeit zu betreiben, war in Westdeutschland sehr umstritten und musste gegen beharrliche und harte Widerstände in Politik und Gesellschaft mühsam erkämpft werden. Dabei spielten einzelne Überlebende und Verbände ehemals Verfolgter eine wichtige Rolle. Erst spät wurden in der Bundesrepublik KZ-Gedenkstätten gegründet: 1952 in Bergen-Belsen, 1965 in Dachau, 2005 in Neuengamme, 2007 in Flossenbürg. Ihre Ausstattung und Finanzierung blieb lange Zeit prekär. In der DDR wurden nach der Schließung der Speziallager Mahn- und Gedenkstätten in Buchenwald (1958), in Ravensbrück (1959) und in Sachsenhausen (1961) errichtet, in denen die Verfolgung und der Widerstand kommunistischer Verfolgter im Zentrum des Erinnerns standen. Nach der Wiedervereinigung wurden die ostdeutschen Gedenkstätten grundlegend neukonzipiert, auch die Übrigen wurden überarbeitet und modernisiert. Zudem übernahm der Bund einen Gutteil der Finanzierung, die damit auf eine solidere Grundlage gestellt wurde. Die Gedenkstätten, die vor allem von vielen Schulklassen besucht werden, sind heute ein wichtiger Teil der historischen Bildungs- und Aufklärungsarbeit.

99. Warum ist der 27. Januar ein Gedenktag? Bundespräsident Roman Herzog hat 1996 den 27. Januar als Tag des Gedenkens an die Opfer des Nationalsozialismus ins Leben gerufen. Verkürzt wird er meist als Holocaust-Gedenktag bezeichnet, obwohl nicht nur der jüdischen Opfer der NS-Herrschaft gedacht wird. Das Datum bezieht sich auf die Befreiung des Konzentrations- und Vernichtungslagers Auschwitz-Birkenau durch die sowjetische Armee am 27. Januar 1945. Der Gedenktag ist kein gesetzlicher Feiertag. 2005 folgten die Vereinten Nationen und erklärten den Tag zum Internationalen Tag des Gedenkens an die Opfer des Holocaust.

Im Gespräch waren zuvor immer mal wieder andere Daten wie der 9. November oder der 8. Mai. Der 9. November wurde jedoch verworfen, da mit ihm auch Ereignisse wie die Ausrufung der Weimarer Republik 1918, der fehlgeschlagene Putschversuch Hitlers 1923 in München und vor allem der Fall der Berliner Mauer 1989 verbunden werden. Mit dem 8. Mai taten sich lange Zeit Konservative schwer, da manche ihn nicht als Tag der Befreiung sehen mochten, sondern ihn als Tag der Niederlage verstanden. Mit dem 27. Januar hingegen wird kein anderes bedeutsames Ereignis der Geschichte verbunden. Überdies steht die Verfolgung der allermeisten Opfergruppen des Nationalsozialismus mit diesem Datum in direktem Zusammenhang, da viele von ihnen in Auschwitz inhaftiert waren.

100. Was ist das «Holocaust-Denkmal»? Das «Holocaust-Denkmal» in Berlin heißt eigentlich «Denkmal für die ermordeten Juden Europas». Es wurde am 10. Mai 2005 eingeweiht und war das erste zentrale Denkmal für eine der großen Opfergruppen des Nationalsozialismus. Später folgten mit einem Denkmal für verfolgte und ermordete Homosexuelle in unmittelbarer Nachbarschaft oder dem Denkmal für die im Nationalsozialismus ermordeten Sinti und Roma Europas weitere Erinnerungsorte für Opfer- und Verfolgtengruppen.

Das Denkmal für die ermordeten Juden Europas wurde zwar auf Beschluss des Deutschen Bundestags weitgehend aus Bundesmitteln errichtet, verdankt sich aber der privaten Initiative der Fernsehmoderatorin und Journalistin Lea Rosh und des Historikers Eberhard Jäckel, die das Projekt mit Gleichgesinnten gegen zahlreiche Widerstände in Politik und Gesellschaft durchsetzten. 1994 wurde schließlich ein Wettbewerb zur Gestaltung des Denkmals ausgelobt, in dem zwei Sieger gekürt wurden. Der schließlich ausgewählte Entwurf sah eine schräge Betonebene ungefähr in der Größe eines Fußballfeldes vor, in die die Namen der Opfer gemeißelt werden sollten. Nach Einspruch durch den damaligen Bundeskanzler Helmut Kohl (CDU) wurde ein neuer Wettbewerb ausgelobt, aus dem 1997 der Entwurf des Architekten Peter Eisenman als Sieger hervorging. Sein Stelenfeld, das aus 2711 viereckigen unterschiedlich hohen grauen Betonstelen besteht, die auf gewelltem Untergrund stehen, wurde in den Jahren 2003 bis 2005 umgesetzt.

101. Warum ist Anne Franks Tagebuch so berühmt? Das Tagebuch der Anne Frank dürfte mit über 20 Millionen Exemplaren in mehr als 50 Sprachen das bekannteste Holocaustzeugnis weltweit sein. Hinzu kommen zahlreiche Adaptionen: Filme, Theaterstücke, Comics und anderes mehr. Anne hat das Tagebuch an ihrem 13. Geburtstag, dem 12. Juni 1942, im Amsterdamer Versteck der Familie begonnen und dort bis zum 1. August 1944 geführt. In dem in Form von Briefen an eine ausgedachte Freundin Kitty verfassten Tagebuch schreibt Anne über viele für ein junges Mädchen typische Themen: Sie beobachtet und reflektiert ihre eigenen Gefühle und ihre Entwicklung, sie schreibt über ihre Eltern und ihre Schwester Margot sowie über Streitereien mit ihnen. Darüber hinaus widmet sie sich dem schwierigen Alltag im Versteck und dem Zusammenleben mit den anderen dort Untergekommenen, sie fasst ihre Sorgen und Ängste im Hinblick auf ihre Situation und die ungewisse Zukunft in Worte und hält Träume fest. Dabei zeigt sie literarisches Talent. Das Tagebuch wurde von Annes Vater Otto Frank in bearbeiteter und gekürzter Form erstmals 1947 veröffentlicht und war damit eines der ganz frühen verfügbaren Zeugnisse von jüdischen Kindern. Zudem war es lebendig erzählt und berührte durch seine Themen, das Alter und Schicksal seiner Autorin und «einen naiven Humanismus» (Alvin Rosenfeld), der vor allem in der bundesdeutschen Rezeption der 1950er Jahre und darüber hinaus vielfach als versöhnlich aufgenommen wurde. Überdies schufen Film und Theaterstück durch ihre Bearbeitungen Versionen, die das Leid universalisierten und mit einer allgemeinen positiven Botschaft versahen. Bisweilen wird als weiterer Faktor für den großen Erfolg in Deutschland zugespitzt bemerkt, dass Anne Franks Tagebuch im Grunde genommen da aufhöre, wo der Holocaust erst richtig anfange und wo demnach die deutsche Leserschaft erst deutlich mit den Verbrechen, an denen sie beteiligt war oder die sie mit zu verantworten hatte, konfrontiert worden wäre.

Weiterführende und benutzte Literatur (Auswahl)

Quellen und Nachschlagewerke

Die Verfolgung und Ermordung der europäischen Juden durch das nationalsozialistische Deutschland 1933–1945. Hg. von Susanne Heim u. a., 16 Bände. München/Boston 2008 ff.

Enzyklopädie des Holocaust. Die Verfolgung und Ermordung der europäischen Juden. 4 Bände. München/Zürich 1995.

Enzyklopädie des Nationalsozialismus. Hg. von Wolfgang Benz, Hermann Graml u. Hermann Weiß. München 2001.

Hilberg, Raul: Die Quellen des Holocaust. Entschlüsseln und interpretieren. Frankfurt am Main 2002.

Lexikon des Holocaust. Hg. von Wolfgang Benz. München 2002.

Walk, Joseph: Das Sonderrecht für die Juden im NS-Staat. Eine Sammlung der gesetzlichen Maßnahmen und Richtlinien – Inhalt und Bedeutung. Heidelberg ²1996.

Tagebücher, Erinnerungen und Selbstzeugnisse

Czerniaków, Adam: Im Warschauer Getto. Das Tagebuch des Adam Czerniaków. München 2013.

Das Tagebuch der Hertha Nathorff. Berlin – New York. Aufzeichnungen 1933 bis 1945. Hg. von Wolfgang Benz. Frankfurt am Main 1989.

Das Tagebuch der Partisanin Justyna. Jüdischer Widerstand in Krakau. Hg. von Jochen Kast, Bernd Siegler u. Peter Zinke. Berlin 1999.

Deutschkron, Inge: Ich trug den gelben Stern. München 1995.

Elias, Ruth: Die Hoffnung erhielt mich am Leben. Mein Weg von Theresienstadt und Auschwitz nach Israel. München/Zürich 1990.

Frank, Anne: Gesamtausgabe. Tagebücher – Geschichten und Ereignisse aus dem Hinterhaus – Erzählungen – Briefe – Fotos und Dokumente. Frankfurt am Main 2013.

Glazar, Richard: Die Falle mit dem grünen Zaun. Überleben in Treblinka. Frankfurt am Main 1992.

Gradowski, Salmen: Die Zertrennung. Aufzeichnungen eines Mitglieds des Sonderkommandos. Frankfurt am Main 2019.

Grossman, Chaika: Die Untergrundarmee. Der jüdische Widerstand in Białystok. Ein autobiographischer Bericht. Frankfurt am Main 1993.

Höß, Rudolf: Kommandant in Auschwitz. Autobiographische Aufzeichnungen des Rudolf Höß. Hg. von Martin Broszat. München 1998.

Klemperer, Victor: Tagebücher 1933–1945. 8 Bände. Berlin 1999.
Klüger, Ruth: weiterleben. Eine Jugend. München 2007.
Levi, Primo: Ist das ein Mensch? Ein autobiographischer Bericht. München 1992.
Levi, Primo: Die Untergegangenen und die Geretteten. München 1993.
Nelken, Halina: Freiheit will ich noch erleben. Krakauer Tagebuch. Reinbek 1999.
Perechodnik, Calel: Bin ich ein Mörder? Das Testament eines jüdischen Ghetto-Polizisten. Lüneburg 1997.
Rosenberg, Kurt: «Einer, der nicht mehr dazugehört». Tagebücher 1933–1937. Göttingen 2012.
Scheyer, Moritz: Selbst das Heimweh war heimatlos. Bericht eines jüdischen Emigranten 1938–1945. Reinbek 2017.
Strigler, Mordechai: Majdanek. Ein früher Zeitzeugenbericht vom Todeslager. Hg. von Frank Beer. Springe 2016.
Von der letzten Zerstörung. Die Zeitschrift «Fun letstn churbn» der Jüdischen Historischen Kommission in München 1946–1948. Hg. von Frank Beer u. Markus Roth. Berlin 2021.

Überblicksdarstellungen

Adam, Uwe Dietrich: Judenpolitik im Dritten Reich. Düsseldorf 2003.
Ainsztein, Reuben: Jüdischer Widerstand im deutschbesetzten Osteuropa während des Zweiten Weltkrieges. Oldenburg 1993.
Aly, Götz: Europa gegen die Juden 1880–1945. Frankfurt am Main 2017.
Bajohr, Frank u. Andrea Löw (Hg.): Der Holocaust. Ergebnisse und neue Fragen der Forschung. Frankfurt am Main 2015.
Benz, Wolfgang (Hg.): Dimension des Völkermords. Die Zahl der jüdischen Opfer des Nationalsozialismus. München 1996.
Berger, Sara: Experten der Vernichtung. Das T4-Reinhardt-Netzwerk in den Lagern Belzec, Sobibor und Treblinka. Hamburg 2013.
Cesarani, David: «Endlösung». Das Schicksal der Juden 1933–1948. Berlin 2016.
Dörner, Bernward: Die Deutschen und der Holocaust. Was niemand wissen wollte, aber jeder wissen konnte. Berlin 2007.
Friedländer, Saul: Die Jahre der Verfolgung. Das Dritte Reich und die Juden. Erster Band: 1933–1939. München 1998.
Friedländer, Saul: Die Jahre der Vernichtung. Das Dritte Reich und die Juden. Zweiter Band: 1939–1945. München 2006.
Gerlach, Christian: Der Mord an den europäischen Juden. Ursachen, Ereignisse, Dimensionen. München 2017.
Hayes, Peter: Warum? Eine Geschichte des Holocaust. Frankfurt am Main/New York 2017.
Herbert, Ulrich: Das Dritte Reich. Geschichte einer Diktatur. München 2016.

Hilberg, Raul: Die Vernichtung der europäischen Juden. 3 Bände. Frankfurt am Main 1991.

Kümmerle, Julian: Der Holocaust. Stuttgart 2016.

Kundrus, Birthe: «Dieser Krieg ist der große Rassenkrieg». Krieg und Holocaust in Europa. München 2018.

Lehnstaedt, Stephan: Der Kern des Holocaust. Bełżec, Sobibór, Treblinka und die Aktion Reinhardt. München 2017.

Longerich, Peter: Wannseekonferenz. Der Weg zur «Endlösung». München 2016.

Longerich, Peter: Politik der Vernichtung. Eine Gesamtdarstellung der nationalsozialistischen Judenverfolgung. München 1998.

Longerich, Peter: Der ungeschriebene Befehl. Hitler und der Weg zur «Endlösung». München 2001.

Pohl, Dieter: Verfolgung und Massenmord in der NS-Zeit 1933–1945. Darmstadt 2003.

Reichel, Peter, Harald Schmid u. Peter Steinbach (Hg.): Der Nationalsozialismus – Die zweite Geschichte. Überwindung – Deutung – Erinnerung. München 2009.

Roth, Markus: «Ihr wisst, wollt es aber nicht wissen». Verfolgung, Terror und Widerstand im Dritten Reich. München 2015.

Snyder, Timothy: Bloodlands. Europa zwischen Hitler und Stalin. München 2011.

Snyder, Timothy: Black Earth. Der Holocaust und warum er sich wiederholen kann. München 2015.

Steinbacher, Sybille: Auschwitz. Geschichte und Nachgeschichte. München 2004.

Welzer, Harald: Täter. Wie aus ganz normalen Menschen Massenmörder werden. Frankfurt am Main 2005.

Yahil, Leni: Die Shoah. Überlebenskampf und Vernichtung der europäischen Juden. München 1998.

Zimmermann, Michael: Rassenutopie und Genozid. Die nationalsozialistische «Lösung der Zigeunerfrage». Hamburg 1996.